シリーズ国語授業づくり

単元を貫く学習課題と言語活動

課題を解決する過程を重視した授業づくり

監修 日本国語教育学会　企画編集 今村久二

編著 水戸部修治・浮田真弓・細川太輔

東洋館出版社

まえがき　魅力的な「国語」の授業のために

話す力は、話す活動を通して身に付きます。ですから、「話すこと」の学習においては、話す活動自体を、学び手にとって充実したものにしなければなりません。充実した話す活動を通して、初めて「話すこと」の力は学び手自身のものとして身に付くのです。

「書くこと」の学習も、「読むこと」の学習も同じです。すべての言語能力は、それぞれ充実した言語活動を通して学び手のものとなります。小学校においても、中学校・高等学校においても、「国語」の学習は、充実した言語活動として成立させなければなりません。

「国語」の学習として、言語活動を学び手にとって生き生きと充実したものにする――それが国語単元学習です。すなわち、国語単元学習は、学び手にとって、生きた実の場の言語活動を通して、国語学習を成立させようとするものです。

国語単元学習には、活動形態としては様々なものがありますが、大事なことは、学び手が自らの課題を中心に、情報の収集・再生産の活動や、協働的な交流活動などを行い、主体的に課題を追究し、解決していくプロセスを、学習活動として組織することです。一貫した課題追究の過程が、学び手自身のものとして成立するとき、「国語」の授業は魅力的なのです。

「国語」の授業を、魅力的な言語活動の実の場として成立させたいと思います。そのためには、学び手が自ら参加することで、その活動が学習として有効に成立するようにしなければなりません。教師の学習支援としての「発問」も「板書」も、また課題解決のための調べ学習や、協働学習としての交流活動も、「国語」の学習としての言語活動をより一層充実したものにする上で重要な手がかりとなるものです。

本シリーズは、単元学習を柱として展開する参加型の国語授業を成立させることをねらいとしていますが、まず初めに、教師が心得ておくべきことを、六冊にまとめました。

なお、今日、「アクティブ・ラーニング」という言葉で課題解決の活用型の学習が求められるようになっていますが、それこそ私たちの日本国語教育学会が一貫して求めてきた単元学習の特質の一つです。また、協働的な学習も、単元学習を成立させる課題追究の「交流活動」として実践してきたものです。そのような点で、本シリーズにはこれからの時代の国語科の可能性を拓く鍵が、間違いなくあると言っていいでしょう。

本シリーズは、教師としてのスタートラインに立った若い先生方に、ぜひ手にとっていただきたいと思っています。同時に、ベテランの先生方にも、ご自分の経験をふり返り、改めて実践の方向を見据えていく上で、ぜひ目を通していただきたいと思います。また、それぞれの地区や校内で指導的な立場に立っておられる先生方にも、教育実践のレベルアップのために、改めて参考にしていただきたいと思います。

本シリーズは、日本国語教育学会の教育情報部の事業として、小学校部会と合同で、各巻担当の学会理事によって企画・編集・執筆され、東洋館出版社のご尽力により刊行の運びとなったものです。

平成二十七年七月

湊　吉正（日本国語教育学会会長）
田近洵一（日本国語教育学会理事長）

もくじ

Ⅲ章

これで解決！
単元を貫く言語活動の授業づくりの課題と対応のコツ

Ⅳ章 単元を貫く言語活動の展開例

Ⅰ章

単元を貫く言語活動を位置付けた授業づくり

1 単元を貫く言語活動とは

1 単元を貫く言語活動―その定義

単元を貫く言語活動とは、その単元で付けたい国語の能力を確実に子どもたちに身に付けるために、子どもたちの主体的な思考・判断が生かされる課題解決の過程となるよう、言語活動を、単元全体を通して一貫したものとして位置付けるものです。

2 単元を貫く言語活動の趣旨

右の定義のように、指導のねらいを明確にすることが、単元を貫く言語活動の設定の大前提となります。しかし、このねらいを明確に把握することは簡単なことではありません。教材文が決まれば付けたい力も決まるように思われがちですが、同じ作品が異なる学年の教材として取り上げられていることもあります。当該単元の指導のねらいを明らかにするには、年間指導計画を見通した上で、学習指導要領・国語の、どの指導事項等を取り上げて指導するかを押さえることが必要です。

ところで言語活動は、国語科以外の各教科等でも、重要な学習活動です。しかし、国語科と国語科以外の各教科等における言語活動とでは、その位置付け方に違いがあります。

　各教科等はそれぞれ固有のねらいをもっています。そのねらいを実現するために、言語活動を取り入れるのですから、国語科以外では、常に言語活動だけを行っているわけではありません。例えば理科では、予想や仮説を立てたり、結果をもとに考察したりする際に、話し合ったり考えをまとめて記述したりするなどの言語活動を取り入れることで、自然事象への認識を深めることが考えられますが、観察や実験はさておいて、ずっと話し合っているだけといった学習過程は考えにくいでしょう。

　これに対して国語科は、言語活動を通して子どもたちに国語の能力を育んでいく教科です。そのため、いずれの学習活動も言語活動で構成することとなります。そこで、国語科における言語活動の位置付け方には、国語科固有の特徴が出てきます。国語科の学習指導は、単元を基本的な単位として構想されます。ばらばらの単位時間がつながっているのではなく、指導のねらいを実現するための学習活動のまとまりとして単元を設定するのです。またこの単元は、単に教師の指示や発問に子どもが答えていく過程ではなく、子どもたちの主体的な思考・判断が十分に生かされる、子どもたちにとっての課題解決の過程となることが求められます。言い換えれば、子どもたちを主体的な言葉の学び手としてはぐくんでいくために、単に知識を与えたりスキルを訓練させたりすることにとどまるのではなく、国語の能力を主体的に身に付け、それを使いこなしていく過程をつくっていくことが重要なのです。

　そのため、国語科においては、「ここで指示された通りに音読する」「ここで発問に答えるために読み取る」といったばらばらの活動ではなく、単元全体を通した一貫した課題解決の過程となる言語活動、すなわち単元を貫く言語活動を位置付けることが重要なのです。

2 なぜ、単元を貫く言語活動を位置付けるのか

1 指導事項等の確実な定着

言語活動は、当該単元で付けたい国語の能力を確実に子どもたちに身に付けるために位置付けるものです。そのため、言語活動を単元や単位時間のどこか一部分にしか位置付けないのでは、ねらいを実現することは難しくなってしまいます。言語活動を、単元を貫いて位置付けてこそ、確実に子どもたちに付けたい力を身に付けることが可能となるのです。例えばその単元で音読に関する指導事項を重点的に指導するのなら、「最初に音読して後は読み取り」ではなく、単元を通し「物語を繰り返し音読し、好きな場面を見つけて音読して紹介しよう」といった位置付けを工夫することが重要になります。

2 主体的な思考・判断を伴う学び

子どもたちに付けたい言葉の力は、自分の課題を解決したり、人とよりよくかかわったりする際に生きてはたらくものであることが求められます。単元を貫いて言語活動を位置付けることで、子どもたちにとっての課題解決の過程をつくっていくことが可能となります。そうすることで、子ども自身

の主体的な思考・判断が発動しやすくなるのです。例えば物事を説明・解説した文章を読む学習でも、「段落と段落の関係を考えて、内容を読み取ろう」といった無目的な指示ではなく、「自分が書きたい調査報告文の構成の参考にするため、具体例と結論などの書き方に着目して読もう」といった子ども自身の目的意識等を重視するのです。

3 学習活動の精選

物語文の指導の際、つい全場面を網羅せねば、といった意識にとらわれてしまうことがあるかもしれません。しかしそれでは時間がかかる上に、単元の重点的なねらいは実現しにくくなります。「単元を通してこの力を指導する」という見極めが指導の軽重を判断する決め手となるのです。自分の考えを明確にして読む力を育てるために読書会を位置付ける場合、「後で読書会をするが、まず各場面をしっかり読み取る」のではなく、「読書会では自分はどう考えるのかが重要だから、教材も自分が強く心惹かれたところを重点的に読む」といった学習活動の精選を図ることが可能となるのです。

4 各教科等の学習とも呼応する、課題解決の過程の実現

社会科や理科、家庭科、総合的な学習の時間などは、いずれも課題解決あるいは問題解決の過程を通して学習を進めるのが基本です。国語科もまた、自ら課題を解決する能力の育成をめざす上では、こうした課題解決の学習過程を構想することが望まれます。単元を貫く言語活動を位置付けることは、各教科等の学習とも呼応する学び方を身に付けることにもつながるのです。

3 子ども自身にとって解決すべき課題を設定する意義

1 子ども自身にとっての課題とは

単元構想の際、「この登場人物は、なぜこんなことをしたのだろう」など、教材文の読みにおける問いを各場面で学習課題として設定し、読み進めていく指導が見られることがあります。こうした場合に留意しなければならないのは、その課題が子ども一人一人にとっての必要感のあるものとなっているか、主体的・協働的な学びを引き出せるものかという吟味です。

子どもが見つけた疑問から選んで読みの課題として設定し、それを解決するために全員で読み進めていくといった形式をとっても、いつの間にか教師が読み取らせたい内容に直結するものばかりが課題として選択されるといった状況も見られます。それでは一人一人にとっての課題解決とは言い難いものでしょう。とりわけ読むのが苦手な子どもたちにとっては、自分自身の課題であることを実感しにくくなってしまいます。またこの形式では、なぜその作品を読むのかという本質的な問いに答えることは難しいでしょう。さらに、「まず読み取りの課題を設定し、後付けで言語活動をする」などと、学習課題と言語活動を別々のものとして設定するのでは、子ども主体の単元を構想することはできません。単元を貫く言語活動自体が、子ども自身の課題となるようにすることが極めて重要なのです。

2 子ども自身にとっての課題となる単元を貫く言語活動の要件

子ども自身にとっての課題となる単元を貫く言語活動の要件として、次のようなことが挙げられます。

①一人一人の子どもにとって、自分自身の思いや願い、考えを生かせる魅力ある言語活動
②課題の解決に向けて主体的・協動的に学習に取り組む中で、当該単元のねらいを実現できる言語活動
③子ども自身が思考・判断できる場が位置付けられた言語活動

中学年の例を挙げるなら、「教材文の○○○の気持ちを読み取ろう」といった抽象的で目的をもちにくい課題を、「同一作家の作品の中から自分が選んだ作品について、主人公の気持ちの変化に着目して読み、そのよさを説明しよう」といったものにし、子ども自身の課題となるようにしていくのです。

3 これからの社会を生きる子どもたちのためにこそ

右のような要件については、「各自がとらえたよさを説明するなど、子ども任せでよいのか」「本を子どもに選ばせる必要があるのか」といった思いをもつ場合があるかもしれません。しかし、子どもたちが社会に羽ばたく頃には、今以上にグローバル化や高度情報化が進展していることでしょう。少子高齢化への対応や環境の保全など複雑で答えがないような課題に直面することも一層多くなることが予想されます。そうした社会を生き抜くための言葉の力を、子どもたちに確かにはぐくむためにこそ、子ども自身にとっての課題を設定し、それを解決する過程を重視することが求められるのです。

4 単元を貫く言語活動を位置付けた授業づくりの進め方

1 付けたい力を見極める

〈当該単元で取り上げる学習指導要領の指導事項等を確定する〉

どのような単元を構想するかは、そこでどのような国語の能力を育成するのかに規定されます。しかし先述のように、教材が決まっただけでは、付けたい力は明らかになりません。単元で付けたい力を明確にする手掛かりは、学習指導要領・国語の目標及び内容にあります。学習指導要領・国語は、国語科で付けるべき力を、小・中・高等学校にわたって三領域一事項の指導事項等として整理して系統的に示したものです。この全体の枠組が見えていることで、当該単元で付けたい力もはっきりしてくるのです。より具体的に言えば、当該単元でどの指導事項等を取り上げて指導するかを明らかにすることが、授業づくりの大前提となります。その際、『小学校学習指導要領解説国語編』（文部科学省）を基に、指導事項の意味するところを正確にとらえる必要があります。

例えば、第三学年及び第四学年「C読むこと」には次のような指導事項が示されています。

イ　目的に応じて、中心となる語や文をとらえて段落相互の関係や事実と意見との関係を考え、文章を読むこと。

説明的な文章を読む際に、「中心となる語や文をとらえて」読むことを示したものですが、あくまでも「目的に応じて」中心となる語や文をとらえられるようにすることと示されています。読む目的に応じて本や文章の活用の仕方が変わり、そのため取り上げる中心となる語や文も変化してくるからです。そこで、この指導事項を確実に指導するためには、子ども自身にとっての読む目的意識を喚起することが重要なものとなります。

また第一学年及び第二学年「C読むこと」の指導事項には、次のようなものが示されています。

エ　文章の中の大事な言葉や文を書き抜くこと。

この指導事項の趣旨は一見、教師の指示した教材文中の大事な言葉や文を、正確に書き写させることのように思われがちですが、そうではありません。読み手が自分の思いや考えをもつことに強く影響した言葉や文、思いや考えを話したり書いたりするために必要となる言葉や文など、すなわち子ども自身にとって「大事な言葉や文」を自ら判断し、適切に書き抜くことをも意味する、より主体的な国語の能力を目指す指導事項なのです。

こうした指導事項を確実に指導するためにこそ、単元を貫く言語活動を位置付けた授業づくりが必要になります。その際、単にその単元だけを念頭に置くのではなく、年間を見通し、調和的に国語の能力を育んでいくという視点が大切なものとなります。

〈子どもたちの姿で絞り込む〉

当該単元で付けたい力を明確化するもう一つの重要な手がかりは、目の前の子どもの姿です。国語科は、螺旋的・反復的に繰り返しながら能力を育んでいく教科です。物語文を読む学習を行う場合、当該単元で付けたい読む能力は、そこで取り上げる指導事項を観点としながら、前単元までの学習における子どもの学びの姿をもとに絞り込んでいくことが重要となるのです(詳しくは、第2章Q3を参照)。学習指導要領は国語科の指導内容を大綱的に示す基準です。それを使いこなした上で、日々子どもと向き合う教師だからこそ、目の前の子どもにとって必要な国語の能力を絞り込むことができるのです。

2 付けたい力にふさわしい言語活動を選定する

続いて、付けたい力にふさわしい単元を貫く言語活動を選定します。楽しければどんな活動でもよいのではなく、当該単元の指導のねらいを確実に実現するものを見極めて位置付けなくてはなりません。指導のねらいと結び付かない言語活動を選んでしまうと、活動だけがあって学習がないといった状況にもなりかねないからです。そのためには、位置付けようとする言語活動を教師が実際に行うことによって、言語活動の特徴を把握したり、指導のねらいの実現にふさわしいかどうかを確かめたりする教材研究が重要になります(第2章Q4・5を参照)。

また、付けたい力を明確化し、その育成にふさわしい単元を貫く言語活動を選定することで、当該単元の評価規準をより具体的に設定することができます(第2章Q19を参照)。

3 単元を貫く言語活動の遂行に必要な能力を身に付ける課題解決の過程を構想する

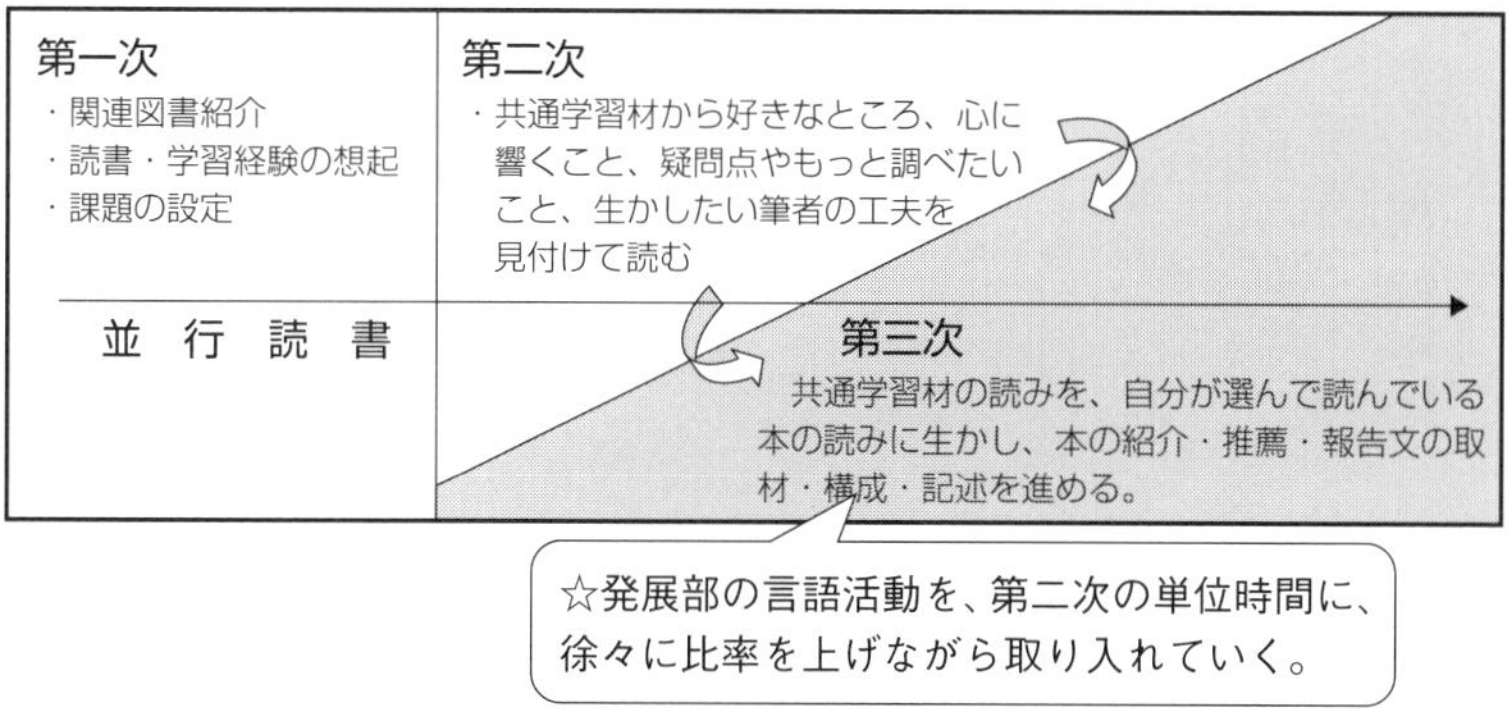
第一次
・関連図書紹介
・読書・学習経験の想起
・課題の設定
第二次
・共通学習材から好きなところ、心に響くこと、疑問点やもっと調べたいこと、生かしたい筆者の工夫を見付けて読む
並 行 読 書
第三次
共通学習材の読みを、自分が選んで読んでいる本の読みに生かし、本の紹介・推薦・報告文の取材・構成・記述を進める。
☆発展部の言語活動を、第二次の単位時間に、徐々に比率を上げながら取り入れていく。

図1　単元を貫く言語活動を位置付けた授業構想モデル

〈単元を貫く言語活動を位置付けた単元構想の基本モデル〉

続いて、言語活動を、単元を貫いて位置付けた指導過程において構想することとなります。その際、これまでに述べてきたように、学習の過程が子ども自身の課題解決の過程となるようにすることが大切になります。例えば読むことの学習においては、従来は「全文を通読し、初発の感想を書く」→「場面ごと・段落ごとに読み取る」→「学習のまとめをする」といった指導過程を取りがちだったのではないでしょうか。

しかしこれでは、なぜその作品を読むのか、読んだ上でどうするのかといった、子どもの主体的な学びの意識は喚起しにくいでしょう。こうした学習指導を、子どもが主体的に思考・判断できる学習の過程に変えていくことが求められるのです。学習過程は、指導のねらいと単元を貫く言語活動に応じて様々に工夫することとなりますが、これまでの実践を踏まえると、読むことの指導であれば、例えば図1のようなモデルとして示すことができます。

〈単元の指導過程構想のポイント〉

単元の導入部である第一次は、教師側から一方的に教材を提示してしまうのではなく、子ども自身が単元を貫く言語活動全体の見通しを明確にもつことができるようにすることが重要です。そこで、当該単元の、単元を貫く言語活動の魅力を感じたり、自分も取り組んでみたいという思いを膨らませ、そのための見通しを立てたりすることができるような手立てが重要になります。

そのためには、単元の導入前から関連図書を教室に置いて子どもが手に取って読めるようにし、関心を高めるための布石を打つことが考えられます。また導入時には、教師自身が言語活動のモデルを示すことによって、子どもの「自分もあんなふうに本を紹介したい」「自分だったらこのことについて調べて提案文に書いてみたい」といった課題意識を膨らませる工夫もあります。

単元の展開部に当たる第二次も、指導のねらいや子どもの主体的な意識はさておいて、平板に場面ごと、段落ごとに読ませればよいのではありません。例えば、「登場人物の性格を主体的に把握して読む」能力を育成するために「大好きな登場人物の性格をとらえて、作品のおもしろさを紹介しよう」といった単元を貫く言語活動を設定するのであれば、第二次は、自分の選んだ作品の登場人物の性格を、子どもが自力でとらえて紹介できるようにします。そのために、共通学習材で性格をどのようにとらえるかを学ぶことができるようにすることが必要です。そのことによって、子どもの学ぶ必要感や必然性が高まります。また、登場人物の性格は、物語のどこか一箇所にだけ書かれているわけではありません。ストーリー展開全体にちりばめられている、性格をよく表す描写を複数関係付けて読まなければ、性格はとらえにくいわけですから、場面ごとに読み取るだけでは不十分なのです。

単元の発展部に当たる第三次では、単元全体を通して課題追究してきたことを振り返ったり、互いのよさを交流したりすることが考えられます。また、次単元以降の学習に向けて、さらにどんなことを学びたいかを考えることができるようにすることも大切です。なお、読むことの指導であれば、図1にあるように、単元の指導のねらいを実現するために効果的な関連図書を、共通学習材と並行して読んでいく、並行読書を位置付けることが有効です。

4 各単位時間の指導を構想する

〈本時の指導目標の構想ポイント〉

本時の指導目標は、単元の指導目標をブレイクダウンして設定します。つまり、単元の指導目標と単位時間の目標が別々に存在するのではなく、単元の指導目標をもとに、当該時間にどのような能力をはぐくむのかを明らかにするのです。その際、単元の指導目標とずれてしまうことがないよう留意しましょう。例えば、単元の指導目標としては、読むことの指導事項だけを設定しているのに、本時の目標は、「自分がどう読んだか、理由を挙げて説明することができる」など、話すことの指導目標を設定してしまうことがあります。学習活動としては、自分の読みを根拠となる叙述を挙げながら説明し合うといったことが当然想定されますが、それはあくまでも読む能力を高めるための手立てとして取り入れるものです。したがって、読むことの指導としてどのような能力を育成するのかを明確に把握し、指導と評価を行うことが求められます。

〈本時の学習活動の構想ポイント〉

本時の学習活動として、例えば「本時の課題『第三場面を読み、登場人物の気持ちをつかむ』ことを知る」→「自分の読みを明らかにする」→「交流する」→「学習のまとめをする」といった展開が見られることがあります。一見妥当なことのように思われがちですが、これでは単元を貫く言語活動との接点が見いだせません。単元を貫く言語活動として、例えば「大好きなお話のお気に入りの場面を音読して紹介する」といった言語活動を設定するのなら、本時はその言語活動の遂行に向けてどこに位置付くのかを明らかにする必要があります。仮に本時が、共通学習材と自分の選んだ本の大好きな場面を見付ける時間であれば、課題もそのように設定する必要があります。またそれに続く学習活動も、大好きな場面を見付けるために、作品全体を音読しながらいくつか好きな場面を挙げたり、それを友達と交流して、特にお気に入りの場面を選んだりするといった展開を工夫することが考えられます。

〈主体的な思いを生かすために〉

子供たちの学びに向かうエネルギーを引き出すためには、「大好き」「お気に入り」「心に響く」「明らかにしたい」「伝えたい」といった思いや願いを存分に生かすことが大切です。単元の構想段階ではそうしたことに留意していても、いよいよ単位時間になると、そうした思いを生かす場面がなくなってしまうことがあります。「この教材をこう解釈させる」といったことが読むことにおける本質的なねらいではなく子ども自身が当該単元でめざす読む能力を駆使できるようにすることが重要なのです。本時を構想する際には、改めて子どもの主体的な思いをしっかり生かす場面を位置付けているかどうか、確かめましょう。

Ⅱ章

「単元を貫く学習課題と言語活動」の基礎・基本

Q

1　単元で付けたい力を明確化するためには、年間指導計画の作成をどう工夫すればよいのでしょうか？

A　国語の能力を調和的に指導できるよう、指導事項全体を見通した、活用しやすい形式を工夫しましょう。

①年間を通して、指導事項の偏りがなく、各領域間のかかわりも見えるように、下のような表を作成しましょう。
年度当初に、児童の実態（身に付いている力）を把握し、重点の置きどころを考えて作成します。その際、それぞれの力を螺旋的・反復的に身に付けていくことを念頭に置きましょう。

（身に付けたい力〇　その内、重点化する力◎）

指導事項 ＼ 単元・教材名	A　話すこと聞くこと					B　書くこと						C　読むこと						伝統的な言語文化		
	ア	イ	ウ	エ	オ	ア	イ	ウ	エ	オ	カ	ア	イ	ウ	エ	オ	カ	ア	イ	ア
のどがかわいた															◎	○				
漢字の広場①										○										
春から夏へ											○							○	○	
新聞を読もう	○												◎	◎						

②取り上げる言語活動を決め、指導計画を作成しましょう。
取り上げる言語活動や活動の内容をはっきりさせて、配時を決定しましょう。
（例）言語活動例イ　意見文を書く活動
単元「くらしを見つめて意見文を書こう」
活動の内容

「生活の問題点やよさを見つめ直し、自分の考えを書き友達や家族に伝えよう。」と単元設定をし、児童が生活の中で感じている問題点やよい点について、日常的に集めた資料（図表やグラフ等）から、自分の考えを裏付けられるものを選び、考えを明確にして書く。

③評価の観点や評価方法を明らかにしましょう。

❶▼年間を見通して単元（教材）を配置し、重点化する指導事項を明確にしましょう（前ページ①）

まず、子どもの年度当初の実態を把握して、身に付けたい力を見極めましょう。そして、表に年間の単元（教材）を書き入れ、指導事項ア、イ、ウなどの欄に、それぞれの単元（教材）で身に付けさせたい力を考えて○、重点化したものを◎と記入します。螺旋的・反復的に能力を身に付けることを念頭に置いて、領域間のかかわりも考えながら、すべての力が、一年間で偏りなく網羅できるようにし、能力が調和的に身に付くように計画を立てましょう。

❷▼取り上げる言語活動を決め指導計画を立てましょう

単元（教材）を配置して、重点化する指導事項を明確にしたら、単元で身に付けたい力にぴったり合う言語活動を決めます。活動の内容や展開を考える、配当時数を決定するなどの指導計画を立てます。（下表）

❸▼評価の観点や方法を明らかにしましょう

重点化した指導事項に応じて、評価の観点を設定します。どのような方法で学習状況を見取るかも明らかにしておきます。

	書くこと	
	単元・教材名	評価観点・【方法】
11月	言語活動例イ　意見文を書く 単元「くらしを見つめて意見文を書こう」⑥ ←**配時** 教材名「グラフや表を引用して書こう」(光村図書五年) ◎自分の考えを裏付けるために図表やグラフを用いて、自分の考えが伝わるように書くことができる ←**重点化した指導事項** ☆「生活の問題点やよさを見つめ直し、自分の考えを書き友達や家族に伝えよう。」と単元設定をし、児童が生活の中で感じている問題点やよい点について、日常的に集めた資料（図表やグラフ等）から、自分の考えを裏付けられるものを選び、考えを明確にして書く。 ←**単元の活動内容**	〔書エ〕考えが伝わるように資料に適切な読みを加えて，事実と考えを区別して効果的に書いている。 【資料の妥当性の分析および記述内容の分析】

Q

2　単元で付けたい力を決めるためには、どのような点に留意して指導事項の趣旨をとらえればよいでしょうか？

A

主体的な言葉の力をはぐくむ観点から、指導事項を見直してみましょう。子どもの目的意識を育てることが大事です。

①単元目標は指導事項に対応させましょう

単元目標をすべて自分の言葉で書こうとすると混乱してしまい、目標を見失うことがあります。一からオリジナルなものを考えようとせず、指導事項の文言を利用しながら書いてみるとよいでしょう。

②指導事項には「目的に応じて」がいっぱい

第３学年及び第４学年の読むことの指導事項イ、エ、カ、第５学年及び第６学年の読むことの指導事項イ、ウ、カに「目的に応じて」という文言があります。子どもの目的意識に応じて教材や並行読書材を選んだり読んだりすることが大切です。

❶ 主体的な言葉を育む観点から指導事項を見直す

子ども自身に目的をもたせ、その目的を達成するために必要だと感じることを重視します。学習指導要領の「C　読むこと」の指導事項を見てみると「目的に応じて」という言葉が繰り返し出てくることがわかります。子どもたち自身が自分の「目的に応じて」教材文や並行読書材の読みに取り組むことが重要です。

❷ 説明文ではどうなるか

たとえば、説明文を読み、調べ学習をし、まとめの文章を書くという学習過程を考えてみましょう。まず、まとめの文章はどのような文章でしょうか？その文章を書くために教材文から学べることは教材文の構成でしょうか？説明のしかたでしょうか？それとも教材文も並行読書材と同じ情報源の一つとして扱いますか？このような問いが「目的に応じて」ということです。このような問いを子どもたちにもたせることによって、文章を読む目的がはっきりします。

❸ 物語ではどうなるか

たとえば、物語では子どもたちが読んだ一連の作品の中で、同じ作者が持っている「思い」を感じ取ったとします。その作品や作者を紹介しようと考えて、その「思い」を伝えるために一番適した部分を探そうとする。これが「目的に応じて」読むということになります。

このように、「目的に応じて」読むということは大人が通常行っている読むことに近い行為だと言えるでしょう。指導の中心は子どもたち自身が目的をもつということにあります。

Q

3　子どもの実態を踏まえて、単元で付けたい力を決めるためには、どのような点に留意すべきでしょうか？

A　これまでの指導で身に付いた力と、これから重点的に身に付けたい力を明らかにしましょう。欲張らないことが大事です。

○年間の見通しをもちましょう

年間を通じて、子どもたちは多くの教材と出合っています。これから取り組む単元で物語教材を扱うのであれば、これまでの物語教材の単元でどの指導事項を指導したか、その結果、どの程度定着したかを検討しつつ、本単元の目標を決めましょう。指導事項が絞りきれない場合には、本単元の後の物語教材を扱った単元に振り分けるなど、年間を見通した指導を心がけましょう。

子どもたちは登場人物の心情は想像できているようだけど、場面の描写については、想像できていないみたい。
次の物語の単元では、場面の描写について想像できるような言語活動を取り入れてみよう！

❶ 第五学年及び第六学年の「読むこと」の指導事項エを例にして

この指導事項では「登場人物の相互関係や心情、場面についての描写をとらえ、優れた叙述について自分の考えをまとめること」となっています。この指導事項を細かく見ていくと、登場人物の相互関係、登場人物の心情、場面についての描写に着目して読むことが挙げられています。例えばこの中で、子どもたちの実態を考えて場面に注目させようと決めます。

そうすることで、本単元では特に、子どもたちに身に付いていない「場面についての優れた描写について自分の考えをまとめる」ことに重点を置いて指導を行うという目的をはっきりさせることができました。このねらいに応じた言語活動を行うことで指導の目的が達成されます。

この指導事項の「優れた叙述」とは、子どもたちが自分で気が付いた「優れた叙述」です。ただ教材文を読むだけではなく、多くの作品に親しむことによって、作品や作家の特徴に気が付いていくことがこの指導事項の趣旨です。先生が読ませたい「優れた叙述」を発問によって誘導するのではなく、子どもたちが根拠を明らかにしつつ、「優れた叙述」を発表していく姿をめざしましょう。

❷ あれもこれもと盛り込まないようにしましょう

単元計画を立てる際に、ついあれもこれもとよくばって指導事項つまり単元目標を設定してしまいがちです。しかし、実際に指導が十分であったかどうかを単元の終わりに評価して、どれも達成できていないということが起こりがちです。子どもの実態を踏まえて優先順位をつけましょう。

Q

4　単元を貫く言語活動を選ぶ際、どのような点に留意すべきでしょうか？

A　言語活動の特徴を明確につかみましょう。付けたい力にふさわしい言語活動であるかどうかという検討が必要です。

①まず、付けたい力を明確にします。

②どのような言語活動を行えば、付けたい力が身に付けられるかどうかという視点で言語活動を設定します。

③指導者が、その言語活動を実際に行ってみましょう。そうすることで、言語活動の特徴がよく把握でき、子どもの実態に即しているかどうかの判断もできるようになります。

付けたい力は、登場人物の行動に着目して読む能力だから…
言語活動は「音読発表」にしようか「ペープサートで劇をしながら読む」で迷っているのです。
ペープサートだと、登場人物の動きをとらえて演じないといけないから、音読発表よりふさわしい言語活動といえますね。

❶ 付けたい力にふさわしい言語活動を設定しましょう

「大きなかぶ」だから「劇をする」というように、教材文のイメージだけで言語活動を選んでいませんか。その単元で付けたい力にふさわしい言語活動を設定する必要があります。

例えば、付けたい力が第一学年及び第二学年「C 読むこと」の指導事項、「ウ 場面の様子について、登場人物の行動を中心に想像を広げながら読むこと」であるとします。言語活動の候補として、

①音読発表をしながら読む
②ペープサートで演じながら読む

等を考えたとします。これらの言語活動の特徴を分析しなければなりません。①の音読発表では、語のまとまりや言葉の響きに着目しながら読むことが特徴となります。②のペープサートは、登場人物の行動を把握し、ペープサートを用いて演じるわけですから、より行動を具体的にイメージしないとできません。付けたい力を効果的につけることができる言語活動は②ということになります。

❷ 言語活動の特徴を分析するには、指導者が言語活動を行ってみましょう

単元指導計画を立案する段階で、指導者が言語活動を行ってみましょう。そうすることで、その言語活動がもつ特徴が明確になってきます。例えば、「読書新聞」を実際に作ってみることで、見出しやあらすじを書く力、特に印象的な事柄をまとめる力等、「読書新聞」を作る過程で、身に付く力が明確になります。

常に「付けたい力」を意識し、言語活動の分析を教材研究の一環として位置付けることが、単元を貫く言語活動を取り入れた授業づくりには重要となります。

Q

5　リーフレットや本の紹介ボックスなどの言語活動を位置付ける際、どのような点に留意すべきでしょうか？

A

リーフレットなどの各パーツが、単元で指導する指導事項と合うように構成しましょう。

①付けたい力を分析し具体的にとらえていきます。
②リーフレットづくりなどの言語活動の中に、指導事項（付けたい力）が位置付けられるようにします。

付けたい力
・登場人物の相互関係や心情、あらすじを押さえて読む。
・本を読んで考えたことを発表し合い、自分の考えを広げたり深めたりする。

↓

言語活動「おすすめの本リーフレットをつくろう」

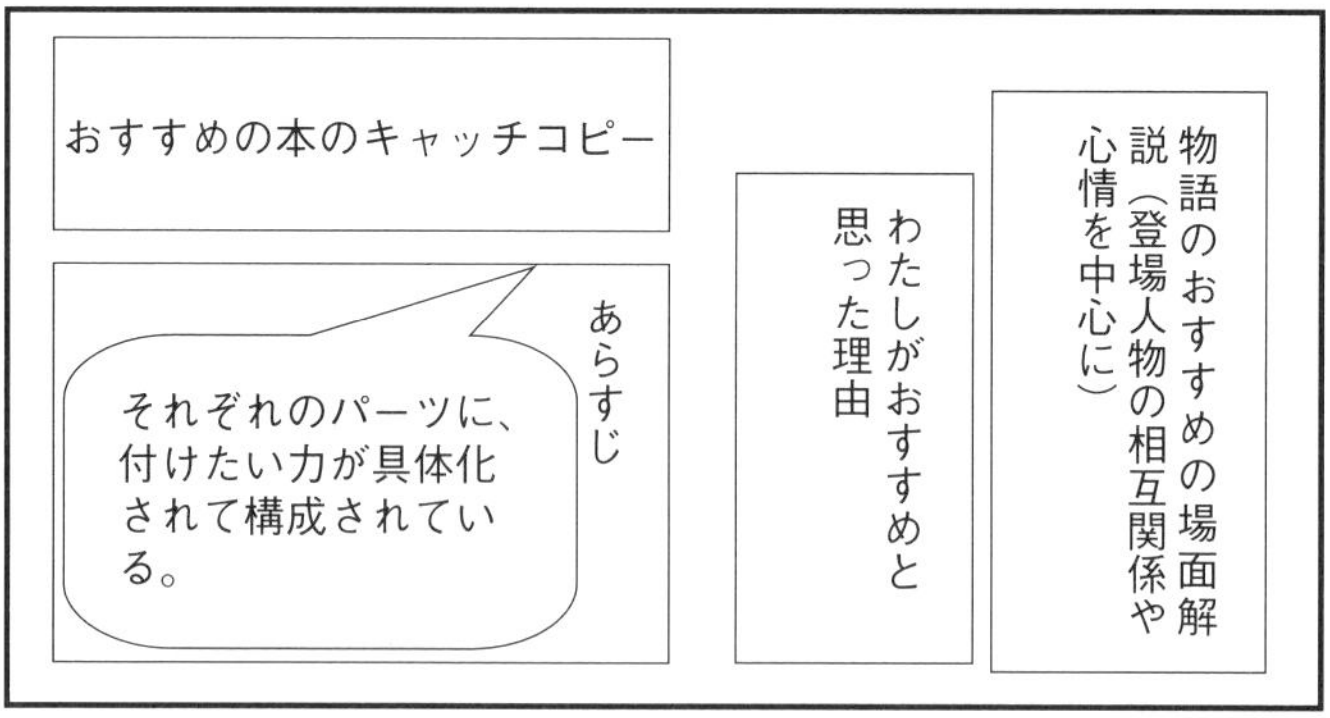
おすすめの本のキャッチコピー
あらすじ
それぞれのパーツに、付けたい力が具体化されて構成されている。
わたしがおすすめと思った理由
物語のおすすめの場面解説（登場人物の相互関係や心情を中心に）

リーフレットの構成

❶▼言語活動を通して指導しましょう

全てを「読み取って」から、リーフレットを作ったり、劇化したりと、単元の最終にだけ言語活動をもってくる単元構成をしていませんか。そうなると子どもたちが飽きてきたり、指導時数が大幅に増えたりすることになるのです。国語科は、言語活動を通して指導する教科です。付けたい力は言語活動を通して指導し、身に付けるようにしましょう。

❷▼リーフレットづくりなどの言語活動の構成を見極めよう

そのために、リーフレットづくりなどの言語活動の構成をしっかりと押さえておく必要があります。リーフレットと一概に言っても、その構成要素は様々に考えられるからです。

付けたい力が「登場人物の相互関係や心情、あらすじを押さえて読む」ことや「本を読んで考えたことを発表し合い、自分の考えを広げたり深めたりする」ことであるのなら、リーフレットの中に、あらすじの項目、本を読んで魅力に感じた場面や人物の相互関係について記述する項目、おすすめする理由を述べる項目等を設定しておきます。そして、全文を読んであらすじをつかんだら、あらすじの欄を仕上げる、魅力ある場面や人物を把握したら、その項目に記述するというように、言語活動を通して指導事項を身に付けていくようにします。そうすることで、目的をもった読みになり、主体的な学びができるようになります。

Q

6 「話すこと・聞くこと」領域の単元の指導の際、留意すべきことは何ですか？

A 言語活動例を参考に、スピーチや話し合いの種類や特徴を押さえましょう。

○「話すこと・聞くこと」領域の言語活動の種類や特徴を分析しましょう。

スピーチやグループでの話し合い、ポスターセッションなどがあるよね。

「話すこと」の指導事項

第１・２学年「相手に応じて、話す事柄を順序立て…」

第３・４学年「相手や目的に応じて、理由や事例を挙げながら筋道を立て…」

第５・６学年「目的や意図に応じて、事柄が明確に伝わるように話の構成を工夫しながら…」

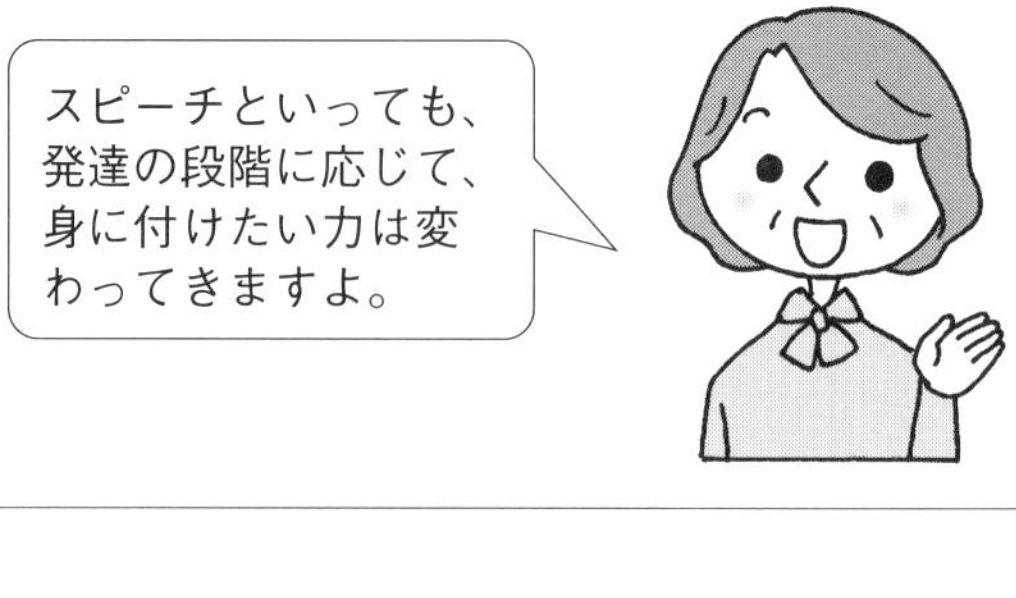
スピーチといっても、発達の段階に応じて、身に付けたい力は変わってきますよ。

❶「わかりやすく話す」「しっかりと聞く」とは

よく「わかりやすく話しましょう」「しっかりと聞きましょう」という指示を出す場合があります。子どもたちにとっては、これほど曖昧な指示はありません。「なにを」「どのように」すればよいのかを明確にする必要があります。そして、そのことが、「話すこと」「聞くこと」領域の言語活動を分析し、明確に位置付けることにつながるのです。

第一・二学年では、順序性が重んじられます。そこでのスピーチは、「自分がしたことを順序立てて話す」ことが「わかりやすく話す」ことになるのです。同じく、「聞くこと」では、「話し手が知らせたいという事柄について、順序を意識しながら聞くこと」が「しっかりと聞く」ことになるのです。発達の段階に応じて、言語活動を具体化することが大切です。

❷一方通行の「発表」ではなく「双方向」の話し合いを設定しよう

例えば、ポスターセッションは、調べたことをポスターにまとめ、聞き手に説明する言語活動です。ここで、重要なのは、説明だけではなく、質問を受けそれに答える活動が含まれるということです。相手や目的に応じて、理由や根拠を挙げながら説明する力と話し手の意図をとらえながら聞き、自分の意見をまとめる力が必要です。「話すこと・聞くこと」領域は、「話す力」「聞く力」が表裏一体となった言語活動を設定することで、より効果的な言語活動が展開できます。言語活動を分析する際には、「話す力」「聞く力」の両面を視点にして、分析するとよいでしょう。

Q

7 「書くこと」領域の単元の指導の際、留意すべきことは何ですか？

A 言語活動例を参考に、文章の種類や特徴を押さえましょう。

①身に付けたい力、取り上げる言語活動を明確にします。

子どもの実態を把握して、身に付けたい力を見極めます。そして、その力を育てるために、それに合う言語活動を考え、選んで取り上げます。 （例）高学年

言語活動例	文章の種類
イ　自分の課題について調べ、意見を記述した文章や活動を報告した文章を書いたりすること。	意見文 活動報告文
ウ　事物のよさを多くの人に伝えるための文章を書くこと。	推薦文

②取り上げる文章の種類と特徴を明らかにしておきます。

重点化する指導事項を明確にした上で、言語活動例をもとに、取り上げる言語活動（文章の種類）が決まったら、文章の基本的な組立てや内容などの特徴を明らかにしましょう。（例）高学年

文章の種類	指導事項	文章の基本的な組立てや書く事柄
意見文	イ、エ	話題提示、考えの主張、妥当な根拠、事例など
活動報告文	ウ	活動の概説、活動計画、活動報告、考えたこと　など
推薦文	ア、イ	推薦すること、推薦する考え、説明、推薦理由　など

③書く相手や目的、価値を明確にさせて単元を設定します。

願いや思いをもち、書く相手や目的（だれに何のために）、価値（どのように役立つか）を明確にして、主体的・意欲的に書く活動に取り組めるように、単元を設定する工夫をしましょう。

❶ 取り上げる文章の種類と特徴を明らかにしましょう

前単元までの子どもの実態を把握して、本単元で身に付けたい力を明確にします。言語活動を決定した後、取り上げる文章には、それぞれの特徴がありますので、それを明らかにした上で、指導に当たるようにします。文章の基本的な組立てや、段落ごとに書かれる事柄などを明らかにします。

左の表（上）は、低・中・高学年の言語活動例に取り上げてある文章の種類です。例えば、高学年の活動報告文は、活動の状況や結果について、客観的な事実をもとに、読み手が納得できるように、自分の考えを報告する文章です。基本的な組立ては左表（下）のようになります。「活動の結果、成果や課題」などの書くために必要な事柄を収集し（書くことア）、それをもとに考えを深めて、事実と考えを区別して、簡単に書いたり詳しく書いたりする力（書くことウ）を身に付けるようにします。（重点化する指導事項ア、ウ）

【言語活動例に取り上げられた文章】

1・2年	3・4年	5・6年
報告文 生活記録文 観察記録文 説明文 紹介文 手紙文	詩・物語 調査報告文 説明文 手紙文	詩・短歌 俳句・物語 随筆 意見文 活動報告文 推薦文

【活動報告文の基本的な構成】

- リード文（目標・きっかけ・概説）
- 活動計画
- 活動報告（結果）
- 活動して考えたこと（考え）
- 今後の活動

❷ 書く目的・相手・価値を明確にさせて、単元を設定しましょう

子どもが書きたいという願いをもち、主体的に書くためには、まず、書く目的・相手・書くことの価値を明確にさせることが大切です。学級や学校の実態を生かした単元の設定を工夫しましょう。

Q

8 「読むこと」領域の単元の指導の際、留意すべきことは何ですか？

A 並行読書などでお気に入りの本を紹介したり、情報を活用して調べたりして、目的をもって読めるようにしましょう。

「そこに教材文があるから」と教科書教材を無目的に読ませるのではなく…

①物語文では

リーフレットでお気に入りの本を紹介するために読もう！

ペープサートで大好きなお話を演じるために読もう！

②説明文では

乗り物の「すごい！」を見つけて乗り物図鑑をつくるために読もう！

自分の説明に取り入れたい筆者の工夫を見つけるために読もう！

…などの目的をもたせることで、主体的な思考や判断を伴う言葉の学びを展開することができ、子どもも学びの意味を実感できます。

　お気に入りの本を紹介したり必要な情報を得たりするためには、教科書教材とともに並行読書材を用意して読ませることが必要です。

導入	展開	
・関連図書紹介 ・参考作品提示 ・課題の設定	・共通学習材（主に教科書）から好きなところを見付け、好きなわけを考えながら読む。 ⇩⇧⇩⇧ 発展 ・共通学習材の読みを自分が選んだ本の読みに生かし、紹介のツールを作る。	・お気に入りの本を紹介し合う

❶目的をもって読むとは？

読むことに目的意識をもたせることで、子どもが自ら学び、課題を解決していく能力の育成につなげることができます。

例えば「自分のお気に入りの本を紹介する」という言語活動（課題）を設定した場合、「お気に入りの本を紹介するために、好きなところを見つける」「お気に入りの本を紹介するために、好きなわけを考える」といった目的意識をもって物語を読むことになります。そしてその過程で「登場人物の言動に着目して考える」「文章の中の大事な言葉を書き抜く」などの読む能力が身に付くことになるのです。ここでの「大事な言葉」とは、教師の求めるただ一つの正解の読みに至る「大事な言葉」ではなく、自分がその物語の中で好きなわけを説明するための子ども自身にとっての「大事な言葉」です。

❷目的をもって読ませるための単元構想は？

「読むこと」の学習が子どもの課題解決、課題探究の過程になるためには上記のような単元構想が有効です。まず場面ごとに読み取って最後に本の紹介をするのではなく、「自分のお気に入りの本を紹介する」という言語活動を、単元を貫いて位置付けるのです。「自分のお気に入りの本を紹介する」ために読む学習は、子どもの主体的な思考・判断を促すことになります。

Q

9 「伝統的な言語文化」の指導の際、留意すべきことは何ですか？

A 授業だけで、伝統的な言語文化に接するのではなく、子どもたちが日常生活で昔話や短歌、俳句、ことわざなどの伝統的な言語文化に親しむことを目標にしましょう。

①３領域の指導を通して行う場合は、領域のねらいと関連付けて指導を行いましょう。また、「伝統的な言語文化に関する事項」を特に取り上げて指導を行う場合は、伝統的な言語文化に親しめるよう、たくさんの作品に触れることができるコンパクトな言語活動を位置付けましょう。

②原文にこだわらず、たくさんの作品の内容に接したり、作品から昔の人々の生活や見方や感じ方について解説した文章を読むことで、子どもたちが興味をもてるようにしましょう。

❶ 伝統的な言語文化に親しむ子どもの姿を具体的にイメージしよう

伝統的な言語文化に親しむ子どもの姿が具体的にイメージできているでしょうか。伝統的な言語文化に親しんでいる姿とは、たとえば、読書の時間に平安時代の文学作品のリライトを手にとるようになった、あるいは、短歌に親しんで自ら作るようになった、などが具体的に挙げられるでしょう。単元が終わってから変化した子どもの具体的な姿をイメージしてみましょう。

伝統的な言語文化には子どもにとって「おもしろい」と感じる言いまわしも多くあります。こうした言葉に親しめるよう工夫して、実践してみましょう。

❷ たくさんの伝統的な言語文化に親しめるようにしよう

低学年では多くの昔話や神話・伝承などを、本で読んだり、地域の人たちから教わったりして触れることで楽しむことを目的にしましょう。中学年での短歌や俳句に関しては、子どもたちが住んでいる地域に関連した短歌や俳句に出合い、子どもたちが好きなものを選ぶという楽しみ方もあるでしょう。短歌や俳句の表現技法はともすれば、テスト用の知識になりがちですが、本来は短歌や俳句を実作するときに活用されるべき知識です。実作しない場合には必ずしも指導する必要はないでしょう。ことわざや慣用句、故事成語も同様で、使ってこそ価値ある知識です。高学年では中学校の教材にもなっている古典の作品を解説したやさしい文章などを読み、現代に生きる私たちの価値観とも比べながら、昔の人のものの考え方に親しみましょう。

このような学習は中学校に進学したときの古典へのハードルを下げる役割をもしてくれるでしょう。

Q

10　複合単元の指導の際、留意すべきことは何ですか？

A　領域を組み合わせることで、互いの指導のねらいがより効果的に実現できるようにしましょう。

①領域を組み合わせることで、指導の効率アップ

領域を組み合わせることによって、指導の効率が上がります。たとえば、読むこと領域を単独で行うよりも、書くこと領域と複合させることで、文章を読む目的を明確にすることができます。書くことに直接生かすように文章を読むことになるのです。

②年間を見通し、指導事項を繰り返し指導できます。

一単元で複数の領域を指導できるので、多くの指導事項を指導できます。年間で一つの指導事項を複数回指導できるので、定着度もアップします。

読むことと書くことを組み合わせたいな。
説明文で文章構成を学んで書くことに生かそう。

❶領域を組み合わせることによって、指導の効率が上がります

たとえば、読むこと領域の指導を単独で行うよりも、書くこと領域と複合させることで、文章を読む目的を明確にすることができます。書くことを意識することによって、文章の何を読むかが子どもたちにとってはっきりします。書くことに直接生かすように文章を読むことになるのです。説明文であれば文章の情報を生かして書くのか、形式を参考にして書くのか、問題意識をもって文章を読むようになるのです。

物語を書く言語活動の場合でも、物語を読むという経験がなければ、書くことはむずかしいでしょう。読んだことを生かして書くことを意識して指導しましょう。

話すこと・聞くこと領域についても、話す内容の取材と読むこと領域を組み合わせて指導してもよいでしょう。

❷指導事項が身に付いたかどうか、評価しよう

指導事項が身に付いたかどうか、複合単元ではきめ細やかに評価しましょう。多くの指導事項を指導しても子どもたちに定着していなければ、意味がありません。子どもたちが言語活動を行った成果物（リーフレットやショーウィンドウなど）を点検して、前単元から伸びているかどうかを評価しましょう。

❸複合単元で学んだことは他教科等に生きる

複合単元で身に付いた言葉の力は他教科等の指導にも生かせます。調べ学習でまとめるといったことは社会科でも生きる力でしょう。積極的に他教科等でも生かして、定着を図っていきましょう。

Q

11 「入れ子構造」とは、どのような工夫ですか？

A 共通学習材を読んで学んだ読みの力を、単位時間内に、即座に自分の選んだ本の読みに活用する学習過程の工夫です。

①共通学習材で学んだ読みの力を、すぐに活用できます。
通常なら第二次で教材を読み、第三次に自分の本の読みに生かすところを、単位時間の前段では共通学習材で学び、後段ですぐに自分の本の読みに活用します。

②子どもの目的で主体的な読みを引き出すことができます。
低学年の子や読むのが苦手な子どもたちも、なぜ共通学習材を読むのか、目的を自覚しながら学習を進められます。特に後段の、自分の本を読む姿はとても生き生きしています。

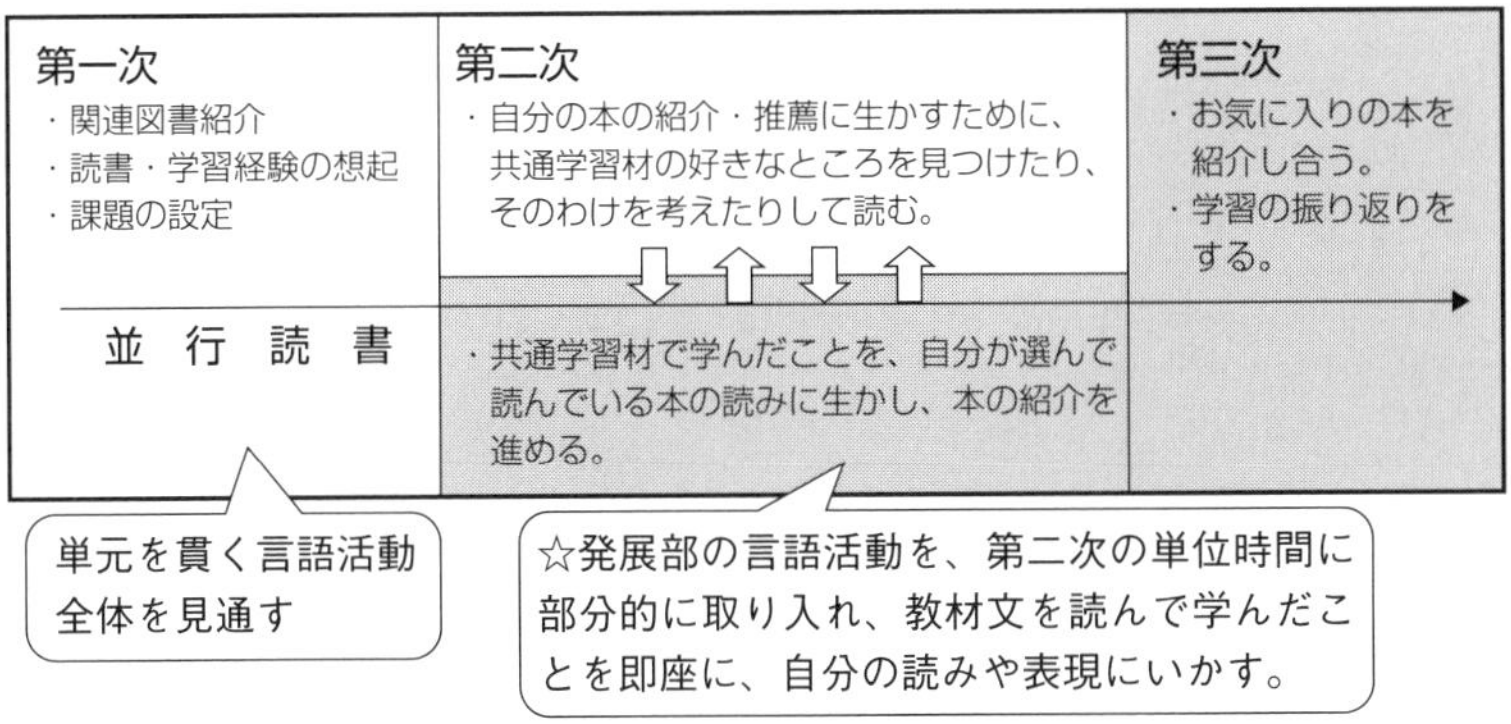
第一次
・関連図書紹介
・読書・学習経験の想起
・課題の設定
第二次
・自分の本の紹介・推薦に生かすために、共通学習材の好きなところを見つけたり、そのわけを考えたりして読む。
第三次
・お気に入りの本を紹介し合う。
・学習の振り返りをする。
並行読書
・共通学習材で学んだことを、自分が選んで読んでいる本の読みに生かし、本の紹介を進める。
単元を貫く言語活動全体を見通す
☆発展部の言語活動を、第二次の単位時間に部分的に取り入れ、教材文を読んで学んだことを即座に、自分の読みや表現にいかす。

図２　入れ子構造モデル

❶ 単元を貫く言語活動を常に意識させましょう

無目的に共通学習材を読み取らせた後に、本を選んで読ませても指導の効果は期待できません。例えば低学年の学習で「自分の大好きな本のお気に入りの場面を、そのわけを添えて紹介する」言語活動を行う場合、上の図のようにその言語活動に向けて、教科書を読み、そこで学んだことを自分の本の紹介に生かすのだという意識が重要になります。そのことで、目的意識が明確になり、読みの精度や交流の必要性が高まります。

❷ 付けたい力を見極めましょう

入れ子構造は、付けたい力を確実に付けるための指導の手立てです。例えば「場面の様子について、登場人物の行動を中心に、想像を広げて読む」能力を育成することがねらいならば、好きな場面を選ぶ手掛かりとして、登場人物の言動に着目して読むことを、子ども自身が使いこなせるようにする必要があるのです。ですから、授業の前段の、共通学習材での学習は、平板に場面ごとに読ませるのではなく、作品全体から好きな場面を選んだり、その理由となる登場人物の言動を見つけたりします。その力をしっかり生かす場として、後段の学習を位置付けるのです。

Q

12 「ABワンセット方式」とは、どのような工夫ですか？

A 共通学習材の読みを次の時間に自分の選んだ本の読みに活用できるようにする学習過程の工夫です。

①２時間をひとまとまりにして、じっくり取り組ませる工夫です。
共通学習材で学び（A）、自分の本の読みに生かす（B）という２時間ワンセットの学習過程が特徴です。１時間で共通学習材と自分の選んだ本の両方を読む「入れ子構造」の、時間不足になりがちという弱点をカバーできます。

②指導と評価を繰り返し、確実に子どもたちに力を付けられます。
ＡとＢの２時間セットでは、読む対象は変わりますが、基本的には同じ能力を指導します。そのため、共通学習材での子どもたちの学びの状況を把握し、次の国語の時間には、その評価を生かして重点的に指導することが可能になります。

共通学習材で学び（A）　→自分の本の読みに生かす（B）

私は、ここが登場人物らしくていいと思うよ。
登場人物の性格はそこにも表れているんだね。
前の時間のように、自分が紹介したい本の登場人物の性格を見つけて読もう。

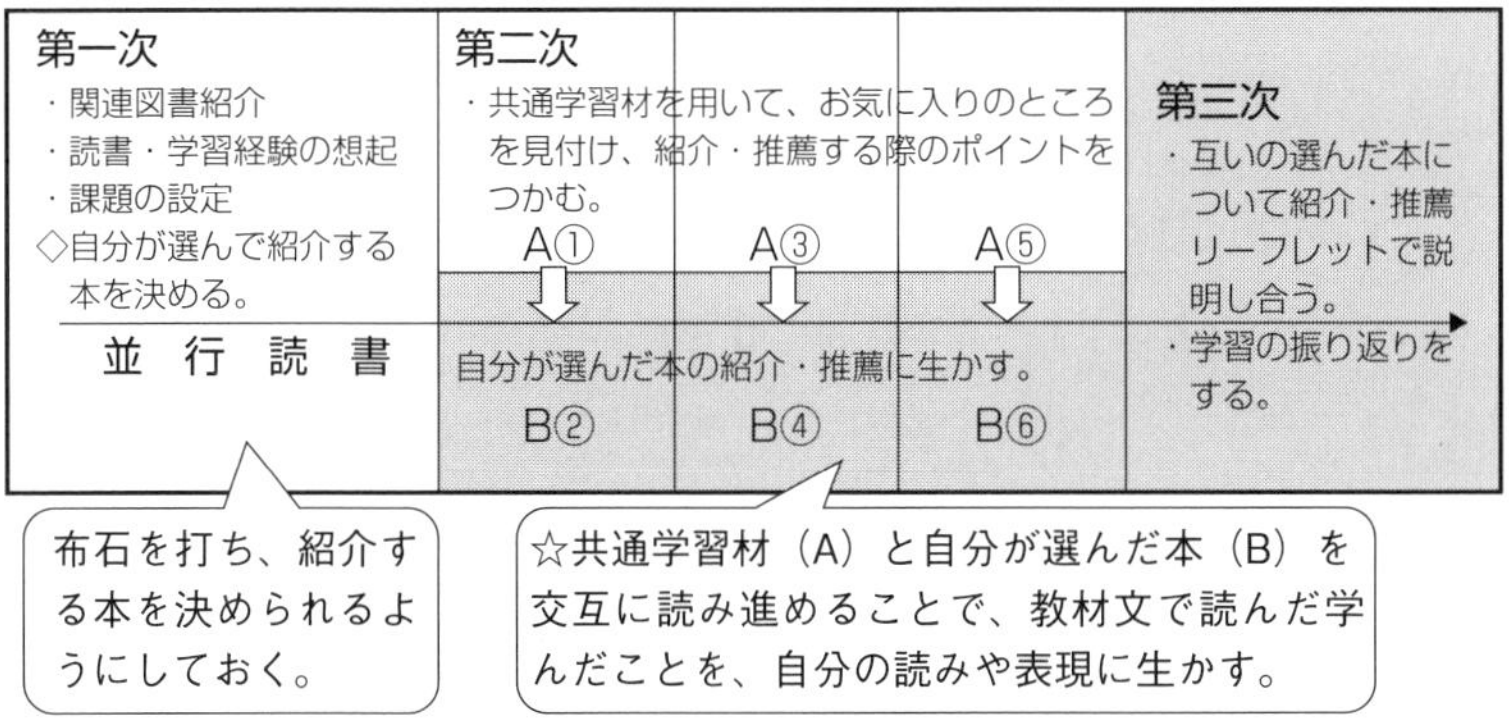
第一次
・関連図書紹介
・読書・学習経験の想起
・課題の設定
◇自分が選んで紹介する本を決める。
並 行 読 書
第二次
・共通学習材を用いて、お気に入りのところを見付け、紹介・推薦する際のポイントをつかむ。
A①
A③
A⑤
自分が選んだ本の紹介・推薦に生かす。
B②
B④
B⑥
第三次
・互いの選んだ本について紹介・推薦リーフレットで説明し合う。
・学習の振り返りをする。
布石を打ち、紹介する本を決められるようにしておく。
☆共通学習材（A）と自分が選んだ本（B）を交互に読み進めることで、教材文で読んだ学んだことを、自分の読みや表現に生かす。

図３　AB ワンセット方式モデル

❶付けたい力にふさわしい単元を貫く言語活動が大前提です

入れ子構造同様、教材文と選んだ本を交互に読ませさえすればよいのではありません。例えば中学年で「登場人物の気持ちの変化」と「性格」を主体的に把握する能力を高めるため、「選んだ物語のよさを、気持ちの変化や性格をもとに説明する」という言語活動を設定した場合、上図の構造のように、共通学習材で登場人物の気持ちの変化をとらえるポイントを学び（A）、次時に自分の選んだ本で登場人物の気持ちの変化を把握して作品のおもしろさを説明することに生かす学習（B）を行います。続いて同様に、登場人物の性格を把握することを学び（A）、自分の選んだ作品の登場人物の魅力を説明することに生かす学習（B）に生かします。

❷子供たちの実態や学習内容を踏まえた工夫を

ABワンセット方式は、作品全体を関係付けて読んだり、目的に応じて要約したりするなど学習のサイズが大きく、読む分量も増えていく中学年以降で、子どもの主体的な学びを実現するのに大きな効果を発揮します。しかし学習内容によっては、部分的に入れ子構造と組み合わせた単元の学習過程を構想するなどの工夫も可能です。

Q

13 「サンドイッチ方式」とは、どのような工夫ですか？

A 主に「話すこと・聞くこと」「書くこと」で、共通学習材も活用しつつ、自分の課題を解決するために学ぶ学習過程を実現するための工夫です。

①自分が表現したい課題をもって、共通学習材を、目的を明確にして学べるようにします。
「話すこと・聞くこと」や「書くこと」では、通常、共通学習材で学び、その後に自分の表現に生かすという過程が多く取られます。その際、単元の冒頭から、自分は何を話したり書いたりしたいのかを明確にしていくことで、共通学習材を、目的を明確にして学ぶことができます。

②単位時間に、共通学習材での学びを自分の表現に適用します。単位時間では、自分の課題の確認→共通学習材でポイントを把握→自分の表現に適用、と共通学習材での学びを自分の表現で挟み込むことからサンドイッチ方式と名付けられています。

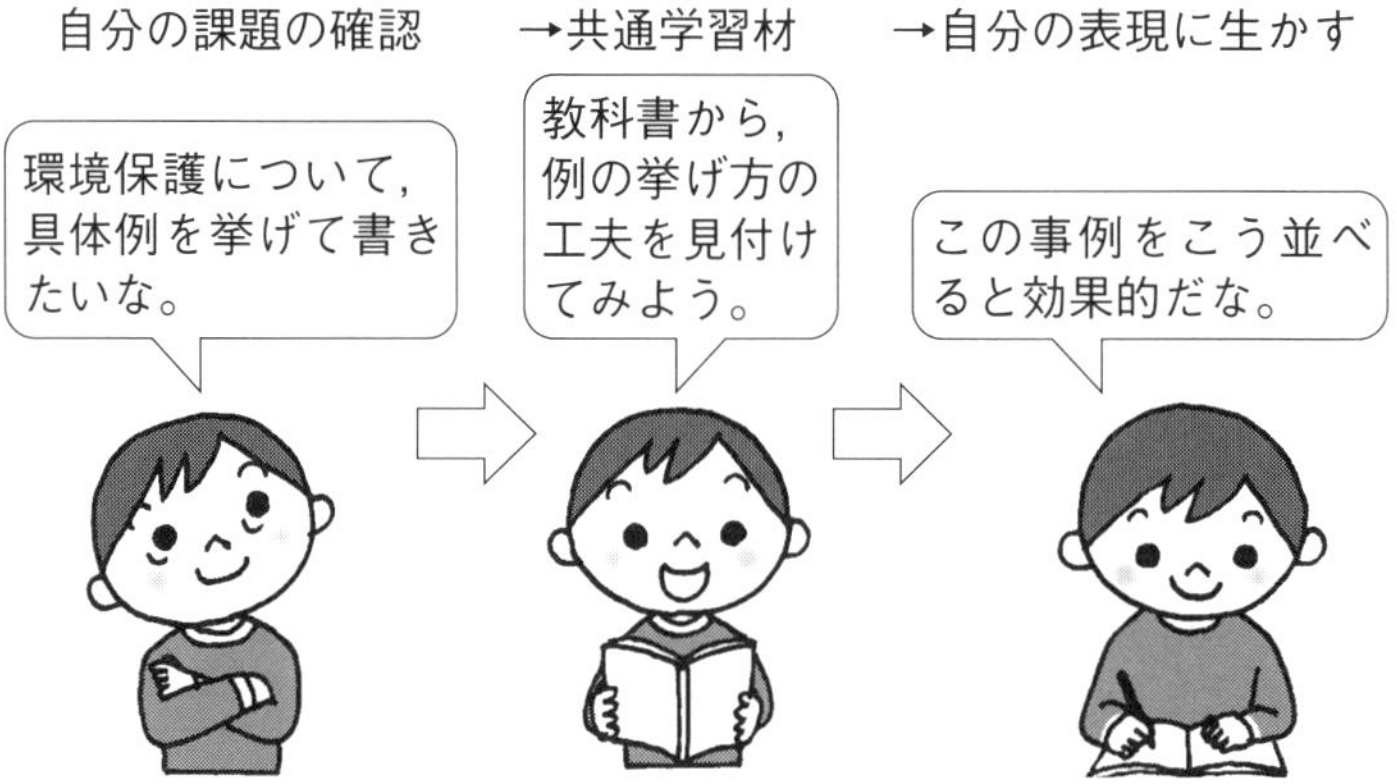
自分の課題の確認
→共通学習材
→自分の表現に生かす
環境保護について，具体例を挙げて書きたいな。
教科書から，例の挙げ方の工夫を見付けてみよう。
この事例をこう並べると効果的だな。

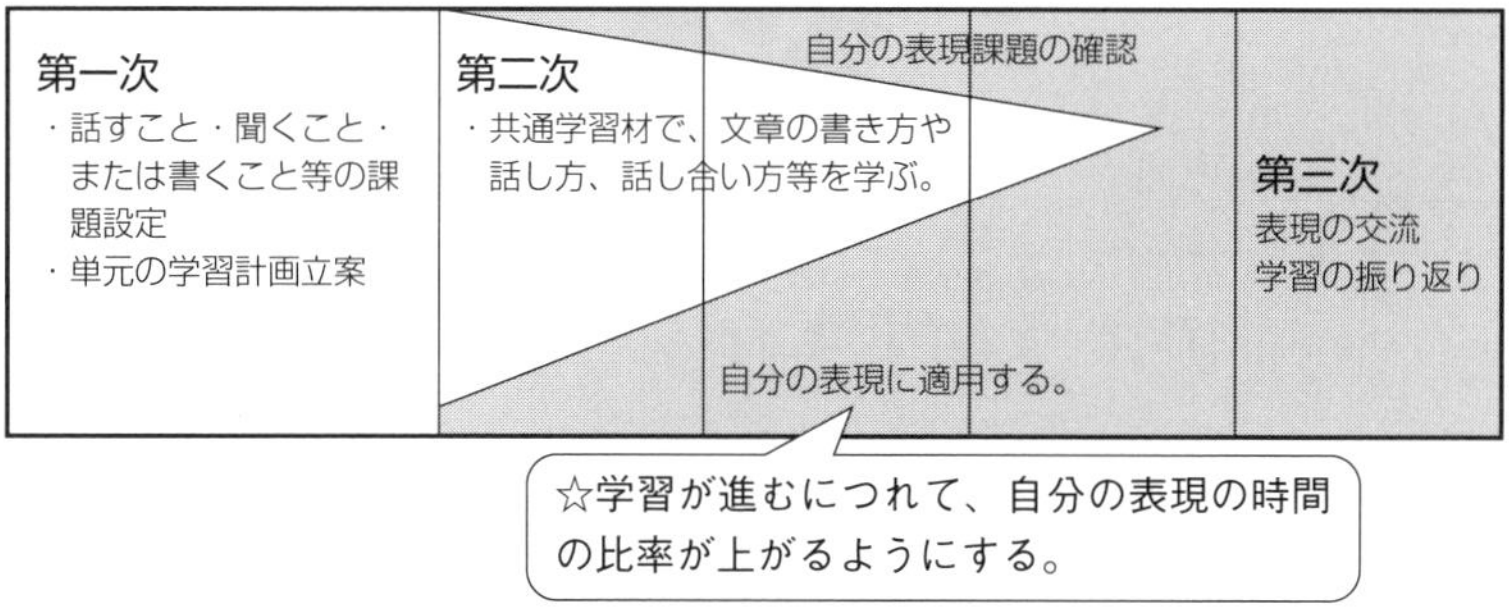

図4　サンドイッチ方式モデル

❶▼自分の思いや考えを明確にしていく課題設定

子どもたち自身にとっての課題意識は、単元の冒頭に課題設定するだけではなく、それを具体化したり膨らませたりすることが重要になります。例えば高学年の指導において「学校のためにできることを提案する文章を書く」言語活動を設定した場合、単元の導入時から継続して、提案内容を具体化していったり、自分の考えをより明確に表現するための書き表し方について考えたりできるような単元の構想が重要になります。

❷▼共通学習材の読みの目的を明確に

単元には、提案文の特徴を把握するために教科書教材を読み、書き方のポイントを学ぶ学習過程を位置付けることが考えられます。その際、「後で提案文を書くから、まずは教材文を読み取る」のでは、読む目的を明確化しにくくなってしまいます。「自分はこんな内容の提案をしたい。そのために必要な表現の工夫を探ろう」といった具体的な読みの目的意識が大切です。上の図のように、自分の表現課題を常に意識しつつ学習を進める工夫がサンドイッチ方式なのです。なお、図にも表されているように、単元が進むにつれて、共通学習材で学ぶことに比べ、自分の表現に向き合う学習の比重が高まっていくようにします。

Q

14　並行読書とは何ですか。また、どのような工夫がありますか？

A　共通学習材と並行して自分で選んだ本を読むことを位置付けた学習過程の工夫です。効果を高めるために、ねらいに応じた位置付けを工夫しましょう。

①並行読書はあくまでも指導方法です。単元のねらいをしっかり見極めて位置付けましょう

自分のお気に入りの本の登場人物をリーフレットで紹介する言語活動で、「登場人物の性格を想像して読む力」を付けたいわ。
そのためには並行読書は単元の導入から始め、リーフレットを作りながら自分で選んだ本を繰り返し読めるようにしたいわ。

②並行読書のためにどんな本を用意するかということも、単元のねらいに応じた工夫が必要です。
第３学年及び第４学年「Ｃ読むこと」のウの指導事項↓の場合、

場面の移り変わりに注意しながら、登場人物の性格や気持ちの変化、情景などについて、叙述を基に想像して読むこと

場面の移り変わりに注意して読む能力を育てたいから、登場人物を取り巻く状況が変化して描かれている作品を用意しよう。

登場人物の性格を主体的にとらえて読むことがねらいだから、シリーズを通じて登場人物の性格を把握できるようシリーズ作品を用意しよう。

❶ねらいに応じた選書の工夫

共通学習材と並行読書材とを密接に関連させて、指導と評価を行うためには、選書の範囲を指導のねらいに応じて工夫することが必要です。第三学年及び第四学年の「C　読むこと」オとカの指導事項を例に挙げると次のようになります。

指導事項	選書の範囲
オ　文章を読んで考えたことを発表し合い、一人一人の感じ方について違いのあることに気付くこと	同一作品を読んだ子ども同士がグループになって読みを交流できるよう、選書範囲を狭く設定する。
カ　目的に応じていろいろな本や文章を選んで読むこと	子ども自身が選書する力を育てるため、対象図書は幅広に設定する。

❷並行読書のメリット

最大のメリットは、子どもが目的意識をもって主体的に読む姿を実現しやすくなることです。自ら選んだお気に入りの作品を読むという行為は、特に読むのが苦手な子ほど、教科書の読みではなかなか見られない、主体的に学習に取り組む姿が見られるようになります。他にも、

・子どもたちがより多くのストーリーやものの見方・考え方、優れた叙述などと出合うことができる。
・一つの物語では見えてこなかったものが、複数の本や文章を関連付けることによって見えてくる。
・教科書の読みを自分で選んだ本の読みに適用することで、教師が確実な指導と評価を行える。

などの効果があります。

Q

15　単元を貫く言語活動と本時の指導過程がうまく結び付きません。どうしたらよいでしょうか？

A　単位時間のそれぞれの学習活動が、単元を貫く言語活動に向かっていくものにしましょう。また、子どもたちもそれを自覚しやすくなるよう支援しましょう。

○入れ子構造やＡＢワンセット方式の単元計画で、子どもたちにとって、本時の学習が単元を貫く言語活動と結び付いたものにします。

教科書教材で学ぶことと、単元を貫く言語活動が結び付いていることで、子どもたちにとっても理解しやすくなります。それが入れ子構造やＡＢワンセット方式の利点です。

本時の導入では、言語活動の見本を示して単元のゴールを意識させるのもよい方法です。

スイミーを読み取った後にお気に入りの場面とあらすじを紹介して、その後並行読書の物語の紹介をするとやり方を忘れちゃうな。
スイミーのお気に入りの場面を選んだら、次はすぐ並行読書のお気に入りの場面を選ばせよう。

❶学習過程を子どもたちに自覚させるために、学習計画表を掲示しよう

本時は単元を貫く言語活動を行う過程のどの過程なのか、子どもたちに自覚させるために、子どもたちとともに見通した学習計画表を掲示しておきましょう。学習計画表を確認して学習を進めることで、子どもたちは本時の活動を単元を貫く言語活動に結び付けやすくなります。

❷入れ子構造やABワンセット方式の単元計画で実施しよう

たとえば、アーノルド・ローベルの「お手紙」という教材を例にとって考えてみます。「お手紙」を全員で読み取って、お話ブック（登場人物の紹介、あらすじ、お気に入りの場面とその理由を記したもので、家族に物語を紹介するツール）を作成して、「ふたりはともだち」のシリーズ読書を行ってお話ブックを作る。これが従来の指導過程です。ABワンセットとは、A教材で登場人物の紹介をまとめたら、B子どもが選んだ作品の登場人物の紹介をまとめる、A教材であらすじをまとめたら、B選んだ作品であらすじをまとめるというやりかたです。この方法では教材で学んだことをすぐに単元を貫く言語活動に生かせるという利点があります。

教材、子どもの選んだ作品両方で、お話ブックを作ることは負担が大きいので、教材では登場人物、あらすじ、お気に入りの場面を書き込むワークシートで代用し、家族に紹介するためのお話ブックは子どもが選んだ作品で作成するとよいでしょう。

Q

16　本時の学習課題が、単元を貫く言語活動とかけ離れたものになりがちです。どうしたらよいでしょうか？

A　学習課題が単元を貫く言語活動と結び付くように、示し方を工夫しましょう。

○子どもたちに単元の終了時にでき上がる言語活動の成果物を示すようにしましょう。
言語活動を行って最後にでき上がる成果物を授業者が作っておくようにします。授業者が実際に成果物を作成することで、それぞれの単位時間で何を行えばよいか、どのくらいの時間が必要かがわかります。

前時ではあらすじをまとめたから、次はお気に入りのわけを紹介する文を書かせよう。
題名
ふたりはともだち
あらすじ
お気に入りの場面

❶▼単元で作る成果物を授業者が実際に作成しよう

実際に手を動かして作成することで、子どもたちのつまずきそうな点がわかります。そこにあらかじめ手をうつ指導を考えることができます。

また、これまでは、単元のめあてを音読したり、本時のめあてを音読したりすることで、子どもたちに学習のめあてをもたせていました。しかし、それだけでは言語活動のめあてとしては子どもたちに理解されにくいでしょう。子どもたちにも成果物を示すことで、単元のゴールが見えやすくなります。

❷▼単元を進める時には、成果物を常に示し、課題を明確化しよう

一例として、「物語を紹介するための本の小箱をつくろう」という言語活動を行うとします。本の小箱にはお気に入りの場面や登場人物の紹介などを書いたカードを入れます。そのようなカードをつくるために物語を読みます。この場合に本時の課題が「登場人物の気持ちをしっかり読み取ろう」になっているとしたら、言語活動と本時が合っていないことになります。単元終了時には、単元を貫く言語活動ができ上がっていることを常に意識しましょう。単元を貫く言語活動を行うための本時の言語活動になっているかを意識しましょう。

このように本時が言語活動と合っていないという状態をさけるために、成果物である本の小箱を授業者があらかじめ作っておくという方法が有効です。

Q

17 本時の交流の際、書いたものを読み上げるだけになりがちでうまくいきません。どうしたらよいでしょうか？

A 単元を貫く言語活動と密接に結び付けて、交流の目的や方向性、必然性などを明確にもたせましょう。

①子どもが交流する必然性をもたせましょう。

みんなに読んでもらうためにアドバイスがほしいな。

※ゴールから逆算の思考

②子どもが交流しやすくなるような準備をしましょう。

私は～と思います。
なぜなら～からです。
だから～したらどうですか。

❶ 交流の目的をもたせ、必然性をもたせること

大人でもいきなり交流しましょうと言われたら困ってしまいます。何のために交流するのか、目的をはっきりとさせましょう。交流には、例えば次のような二つのパターンが考えられます。

・途中での交流　最終ゴールに向けて友達に意見をもらう場。

・最後での交流　単元の最後に友達から評価をもらい、達成感を感じる場。

いずれにせよ、子どもの、交流したいという意欲、何のために交流するのかという目的意識を大切にすることが重要です。

❷ 交流を活発化する工夫

交流する際にただ交流するだけでなく、子どもが交流しやすくなるように様々な工夫をすることで、子どもの交流を活発にすることができます。

○人数　二人がいいのか、三人がいいのか。自由なグループがいいのか、グループを教師が決めたほうがいいのか、などしっかり考える必要があります。

○ツール例　実際にリーフレットや本をそばに置いたり、教材文の全文掲示をしたりするなどの工夫があります。

○話型例　子どもにどのような質問をするとよいのか、例を示すと交流が深まります。

Q

18　単元の評価に当たって、評価の観点をどう考えて設定すればよいでしょうか？

A　国語科の評価の観点は５観点で構成し、単元で取り上げる指導事項等に応じて、当該領域等に対応した評価の観点を設定します。

①国語科の評価の観点は指導要録に基づいて設定。

学習評価の結果は、公簿である指導要録に記載されます。そこで評価の観点も指導要録にある評価の観点を用いることが基本です。平成22年の文部科学省初等中等教育局長通知における参考様式に基づく場合、「国語への関心･意欲･態度」「話す･聞く能力」「書く能力」「読む能力」「言語についての知識・理解・技能」の５つが国語科の評価の観点となります。

②単元では、指導事項等に応じて観点を設定します。

国語科ではすべての単元で一律に５観点を設定しなければならないのではありません。「話す・聞く能力」「書く能力」「読む能力」のどれを指導し、評価するかで観点が決まります。

物語の場面の様子や人物の行動から想像したことを吹き出しに書くのはどの観点で評価するのですか？
読むことの指導事項を指導するなら、評価の観点も「読む能力」になります。書いているから「書く」ではありません。

❶目標に準拠した評価を行いましょう

学習評価の基本は、目標に準拠した評価を行うことです。ここで言う目標とは、当該単元で指導する、学習指導要領に示す指導事項等にもとづいて設定するものです。従って評価を行う大前提として、当該単元ではどの指導事項等を取り上げて指導するのかを明確にする必要があります。

単元の評価の観点設定の基本的な考え方

「国語への関心・意欲・態度」　→どの単元でも設定

「話す・聞く能力」
「書く能力」
「読む能力」　→当該単元で指導するものを選択（1つ又は2つ、最大3つ）

「言語についての知識・理解・技能」　→どの単元でも設定

❷指導事項等に応じて観点を設定しましょう

五観点のうち、「国語への関心・意欲・態度」を除く四観点は、学習指導要領の三領域一事項に対応しています。そのため、例えば「書くこと」の単独領域の単元では、「国語への関心・意欲・態度」、「書く能力」、「言語についての知識・理解・技能」の三観点を設定しますが、「話す・聞く能力」「読む能力」は設定しません。なお、「言語についての知識・理解・技能」は、〔伝統的な言語文化と国語の特質に関する事項〕に対応する評価の観点であり、基本的には、「国語への関心・意欲・態度」とともに、どの観点でも設定します。また、「書くこと」と「読むこと」の領域を組み合わせた単元なら、「国語への関心・意欲・態度」と「書く能力」、「読む能力」、「言語についての知識・理解・技能」の四観点を設定します。

Q

19 評価規準の設定の仕方が分かりません。基本的な考え方を教えて下さい。

A 国語科の評価規準は、指導事項等と言語活動とを掛け算するようにして、具体的に設定します。

①まず当該単元で指導する指導事項等を確認しましょう。
「書くこと」の単元において、構成に関する指導事項を指導する場合について考えてみましょう。中学年であれば「自分の考えが明確になるように、段落相互の関係などに注意して文章を構成する」ことを指導することとなります。

②言語活動を掛け算するようにして具体化しましょう。
この指導事項を、例えば「調べたことを報告する文章を書く」という言語活動を通して指導するなら、文章構成としては、「調査目的や方法→調査結果→そこから考えたこと」といった構成が考えられます。こうした文種、すなわち言語活動の種類に応じた特徴を生かすことで、具体的な評価規準となるのです。

「段落相互の関係に注意して文章を構成する」といっても、具体的にはどんな風に構成できればいいのでしょう？
当該単元に位置付ける言語活動、「書くこと」なら、取り上げる文種をはっきりすると、評価規準を具体的に設定できますよ。

当該単元で指導する指導事項
構成に関する指導事項

×

単元を貫く言語活動
調べたことを報告する文章を書く

⇩

評価規準の設定（例）
「調査の目的や方法、調査の結果とそこから考えたことなど、調査を報告する文章のもつ構成の特徴を踏まえて、文章の構成を考えている。

❶子どもたちの主体的な思考・判断を評価しましょう

評価規準とは、当該単元の指導目標にもとづき、子どもたちがどのような姿になっていればそのねらいを実現したと言えるのかを示すものです。

特に「話す・聞く能力」「書く能力」「読む能力」の評価においては、知識の量や活動の表面的な活発さだけを評価するのではなく、子どもたちが主体的な思考・判断をはたらかせながら、指導事項に示す能力をどのように身に付けているのかを評価する必要があります。そこで、国語科の評価規準の設定においては、上図のように、指導事項に示す国語の能力を、主体的な課題解決の過程である単元を貫く言語活動を通して具体化していくことによって、子どもたちが指導のねらいに即してどんな思考・判断をしているのかを把握する評価規準を設定できるのです。

❷年間の見通しの中で指導と評価を繰り返すことがカギ

上のように、一つの指導事項を指導する際にも、評価規準は言語活動によって多様に具体化されます。指導に生かしやすい具体的な評価規準を設定するためには、継続的な評価の取組が重要です。年間を見通して、前単元までの評価を生かした具体的な評価規準の設定に努めましょう。

Q

20　単元を貫く言語活動を通して指導し、評価することの利点とポイントを教えて下さい。

A　見えにくい子供の思考・判断を見え易くし、指導と評価を繰り返す中で確実に付けたい力を定着させることができます。

①子供の主体的な思考・判断を表現する場を多く設定できます。

教師の指示通りに反応できたかどうかだけを見るのでは、国語科の評価としては十分ではありません。子どもたちが主体的に思考・判断できる、課題解決の過程となる言語活動を、単元を貫いて位置付けることで、子供たちが指導のねらいに即してどんな思考や判断をしているのかを表現する場を豊富に設定できます。

②国語への関心・意欲・態度を高め易くなります。

単元を貫く言語活動を位置付けることで、子どもたちの主体的な学びの姿が多く見られます。主体的に学習に取り組む態度を発揮できるような授業づくりができてこそ、「国語への関心・意欲・態度」の評価も妥当なものとなります。

わたしはこの本を紹介したいな。大好きなところとそのわけは…。
テストだけでは測りにくい子どもの内面の思考が見えやすくなるし、関心も高まっているな。

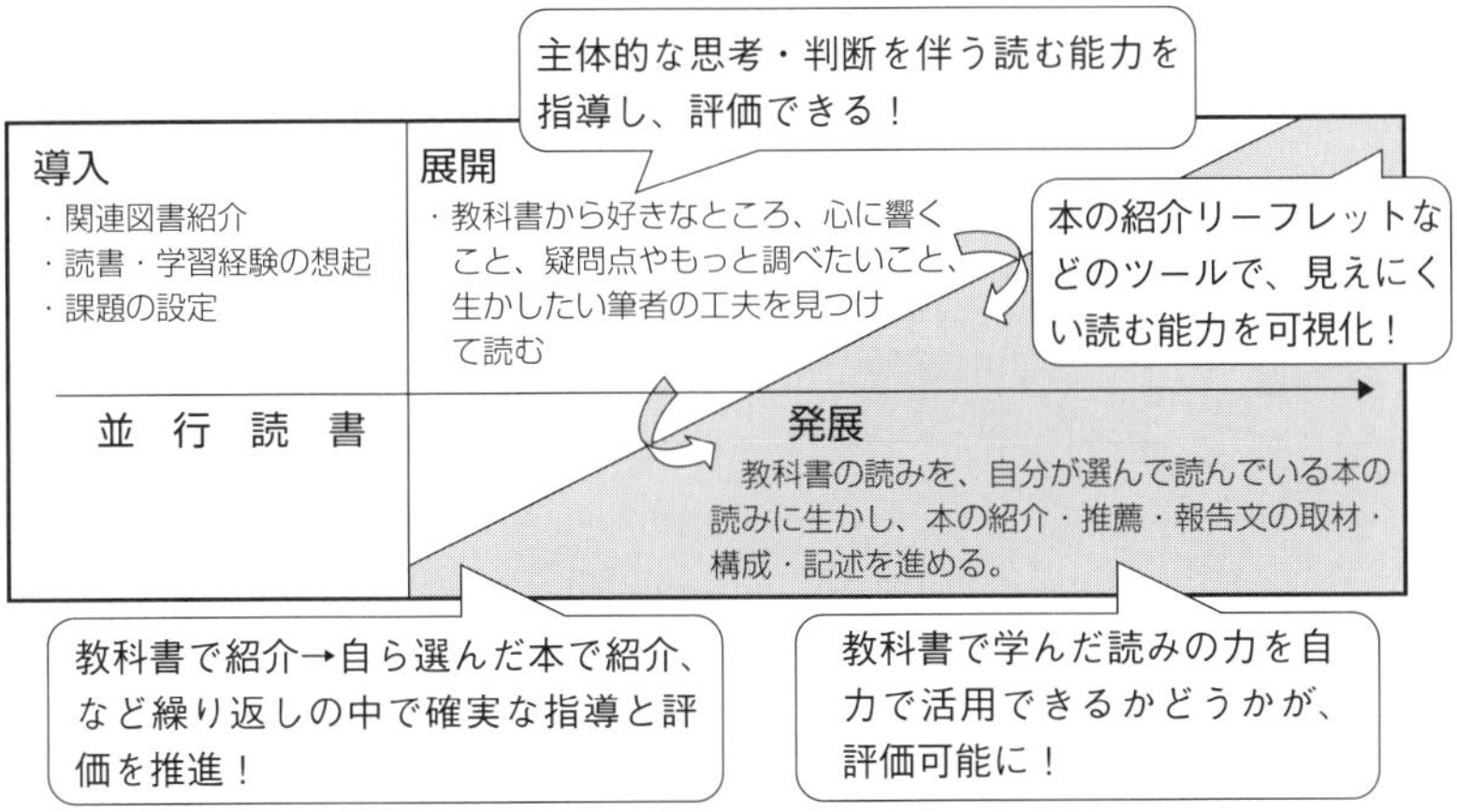
主体的な思考・判断を伴う読む能力を指導し、評価できる！
導入
・関連図書紹介
・読書・学習経験の想起
・課題の設定
展開
・教科書から好きなところ、心に響くこと、疑問点やもっと調べたいこと、生かしたい筆者の工夫を見つけて読む
本の紹介リーフレットなどのツールで、見えにくい読む能力を可視化！
並　行　読　書
発展
教科書の読みを、自分が選んで読んでいる本の読みに生かし、本の紹介・推薦・報告文の取材・構成・記述を進める。
教科書で紹介→自ら選んだ本で紹介、など繰り返しの中で確実な指導と評価を推進！
教科書で学んだ読みの力を自力で活用できるかどうかが、評価可能に！

図５　単元を貫く言語活動を通した確かな評価

❶▼同じ能力を単元内で繰り返し指導し、安定的に評価

従来は、教科書教材を丹念に読み取らせ、その結果をテストで評価することも多かったのではないでしょうか。しかしこれでは、教科書教材が読めたかどうかは把握できても、当該単元で付けたい力である指導事項に示す能力を、他の文章を読む際に発揮できるかどうかは把握しにくいでしょう。上図のように、単元を貫く言語活動を位置付けることで、当該単元で付けたい力を、教科書教材で指導し、その評価を生かしてさらに自分の選んだ本の読みにも適用できるように、同じ能力を単元内で繰り返し指導し、評価することができるのです。

❷▼本に自ら手を伸ばすなど、本質的な国語の能力の育成をめざす

教材文を読み取らせることだけがねらいなら、その文章を正確に読み取れたかどうかを評価することで十分かもしれません。しかし、子どもたちに付けたい力は、与えられた文章の与えられた場面や段落を読み取ることにとどまるものではありません。知識基盤社会を生き抜く子どもたち

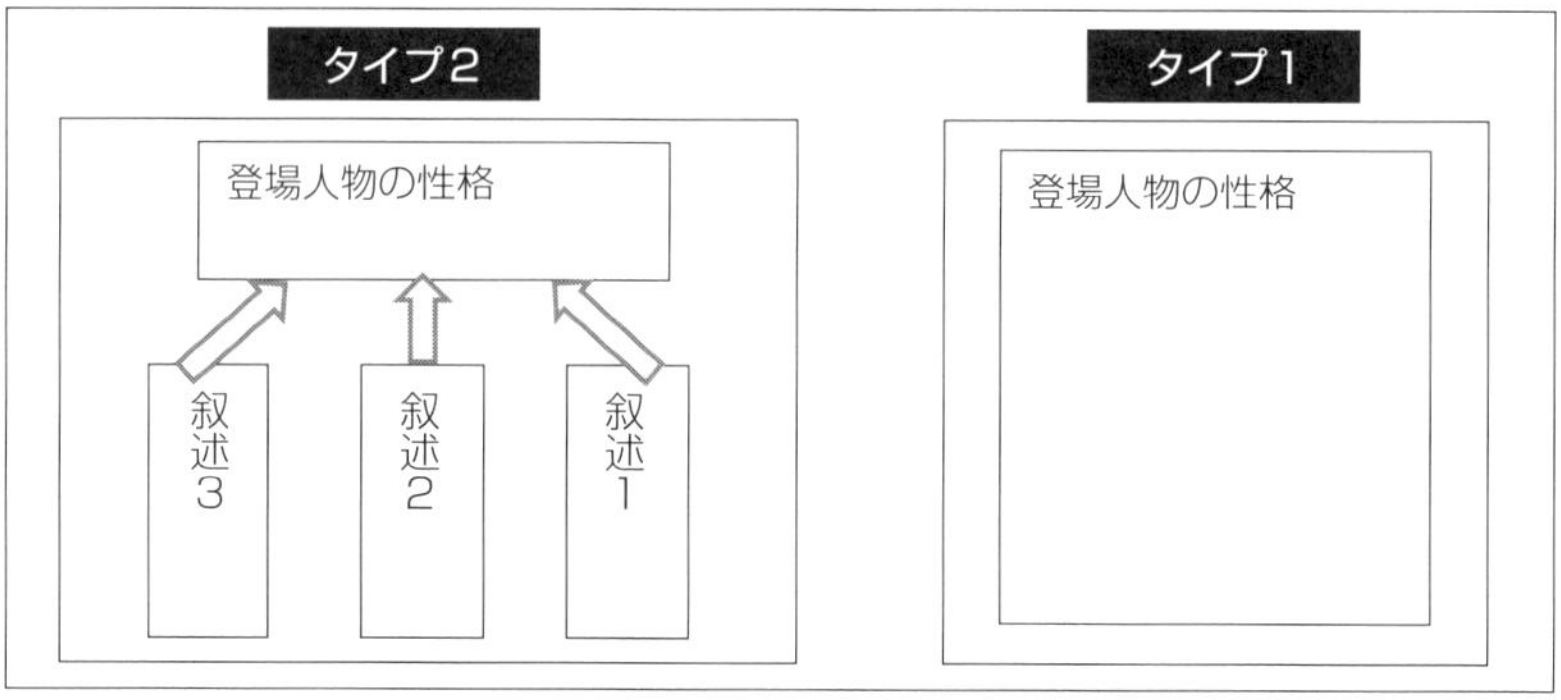

にとって、教師のもつ解釈を言い当てる以上に、自ら本に手を伸ばすことが重要になる。そうした見極めが学習評価の改善の大前提です。

❸見えにくい国語の能力を顕在化させる

これまでの実践では、リーフレット型の言語活動ツールが多様に用いられています。こうしたタイプの言語活動を取り入れることで、評価は極めて行いやすくなります。リーフレットの記述が、評価材料として使えるからです。その際、そのリーフレットが指導のねらいにふさわしい構造をもっていることが大前提となります。例えば「登場人物の性格」を把握して読むことができるようにすることをねらうならば、上図のように、「登場人物の性格」をつかむためのパーツがきちんと設定されていることで、そこに記述された内容が評価材料として機能することとなります。その際、上図のうちタイプ1に比べて、タイプ2のようなパーツ構造を工夫することで、一層妥当性・信頼性の高い評価を行うことが可能になります。登場人物の性格は、一つの叙述だけではなく、物語の展開全体に多面的かつ安定的に描かれています。それら複数の叙述を関係付けて読むことが登場人物の性格を把握することにつながります。タイプ2では、そうした読みの過程も顕在化することが可能となります。

Ⅲ章

これで解決！

単元を貫く言語活動の授業づくりの課題と対応のコツ

1 学習課題設定編

(1) 子どもが取り組みたくなる学習課題設定のコツ

第一章でも述べてきたように、単元の学習課題は、単元を貫く言語活動として位置付けることが重要です。学習課題は、子ども一人一人にとって解決する必然性のある課題となることによって、大きな効果を生み出します。また、単元のどこか一部にだけ課題を位置付けるのではなく、単元全体を通して一貫したものとして位置付けることによって、子どもにとって、見通しを立てて取り組むことのできる、そして主体的・協働的に取り組むことのできる課題となっていきます。

子ども一人一人にとって取り組んでみたくなる学習課題の設定に向けて、第一には、子どもの言語生活の実態を見極めることが重要です。子どもたちが日常どのような会話をしているのか、またどのような文章を書いているのか、どのような本や資料をどのように手にして読んでいるのか、どんなことに興味・関心をもっているか、そういったことを丁寧に見ていきましょう。

第二には、単元で付けたい力を明確にしつつ、単元の導入前から子どもたちの課題意識を耕す布石を打つことです。例えば、「自然環境を守るため、自分たちにもできる方法を学校のみんなに提言しよう」といった単元を貫く言語活動を設定しようとする場合、単に単元の第一時間目に「環境を守るための提言をしよう」などと教師側から一方的に課題をおろすのでは、効果は得にくくなってしまいます。それを子ども一人一人にとって必然性のある課題にするための、きめ細かな手立てが必要です。例えば、環境問題を取り上げた新聞記事を掲示しておいたり、学級文庫に環境保護に関する本や資料を配置したりするなど、関連資料を手に取って読めるような言語環境整備の工夫が考えられます。

第三には、学校全体で継続的に単元を貫く言語活動を位置付けた授業づくりに取り組むことです。例えば前年度に作成した言語活動ツールを展示しておいたり、単元の導入時に提示したりする工夫が考えられます。また、各学年で取り組むことで、例えば下の学年の子どもたちに、本を紹介したり調べたことを報告したりするなどの機会を多く設定することができます。このことによって、子どもたちは、「自分たちも○年生になったらあんなふうに、大好きな本を紹介してみたいな」といった思いや願いを膨らませることもできるのです。

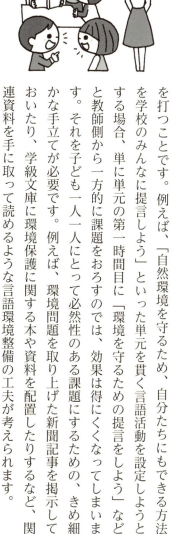

（2）学習の振り返りを生かした子ども自身による学習課題設定のコツ

単元を貫く言語活動は、子ども自身にとっての課題解決の過程となることが重要です。そこで、子ども自身が課題を発見したり、それを明確化して課題設定したりする能力を育成することが不可欠なものとなります。そのためには、単元相互、あるいは単元と他教科等や子どもたちの実生活等との関連を見据えた教師のきめ細かな手立てが重要になります。

まず、前単元までの学習の振り返りを生かすことが考えられます。例えば第六学年の後半で、意見を述べる文章を書く言語活動を行う場合、子どもたちはこれまでにもこうした文章を書く学習を、何度か経験していることでしょう。そこで、単元の導入に当たっては、これまでに書いてきた文章を振り返り、単元相互の関連を踏まえ、自分の意見をより良く述べるためには、どのような書き表し方が必要なのかを思考・判断できるようにすることが考えられます。また、当該単元での指導の重点として、例えば構成の工夫を取り上げるならば、子どもたちが文章を読み返す際に、構成に着目するようにし、自分の意見をより明確に読み手に伝えるためには、どのような構成上の工夫が考えられるかを検討し合う場を位置付けると一層効果的です。

こうした工夫を行うに当たっては、子どもたちの発達の段階に配慮する必要があります。高学年であれば、以前書いた文章を読み返して分析

今度はこんな書き方を工夫したいな。

的に課題設定することも可能ですが、低学年の子どもたちであれば、読み返すことで自分の成長を実感し、「今度はこのことを書きたい」「こんな相手に伝えたい」といった思いや願いを膨らませる手立てとしていくことが効果的です。

次に、他教科等や子どもたちの実生活との結び付きを生かすことが考えられます。例えば中学年において、「低学年の友達に向けて、学校行事のよさを説明する」といった言語活動を通して、相手や目的に応じて事例の挙げ方を工夫して話す能力を育成する場合について考えてみましょう。

機械的に「一年生に向けて」などと相手を設定しただけでは、相手意識が明確になりません。とりわけ、下の学年の子どもたちとの接点が少ない子どもにとっては、一年生に伝わりやすい事例を挙げることが難しいでしょう。そこで、国語科を含む各教科等の学習や学校生活等において、一年生との交流の場を振り返ることが考えられます。実際に、「一年生に遊び方を説明しようとしたけれど、うまく伝わらなかった」といった経験があれば、今度はもっとわかりやすい事例を挙げて、学校行事のよさを説明できるようにしたい、といった課題意識が明確になります。

こうした工夫を行うには、各教科等の年間指導計画を踏まえた教師の的確な見通しが重要です。意図的・計画的な指導が一層大切になります。

こんな説明の仕方をしたら１年生に伝わるかな。

（3）付けたい力にふさわしい学習課題設定のコツ

子どもにとって解決すべき課題となる単元を貫く言語活動は、当該単元で付けたい力を確実に付けられるものでなくてはなりません。そのためには、位置付けようとする単元を貫く言語活動が、指導のねらいにふさわしいかどうかを判断することが重要な教材研究となります。つまり、その言語活動はどのような種類なのか、またその特徴は何かを明らかにすることが大切です。

例えば、低学年で「伝えたいことを簡単な手紙に書く」言語活動を例に考えてみましょう。「手紙」という文種は通常、伝える相手を明確に意識して書くものです。子どもたちは、「あの相手に伝えたい」という思いが膨らむほど、書いた手紙を読み返したり、誤字のないように注意しながら書いたりすることができます。そこで例えば当該単元で、「文章を読み返す習慣を付けるとともに、間違いなどに気付き、正す」など、推敲の能力を指導するのであれば、手紙などの文種を言語活動として位置付けることが、指導のねらいの実現に有効であると考えられます。低学年の子どもは、「間違い字をきちんと直そう」といってもなかなか身に付かない場合がありま

おじいちゃんに『ありがとう』の気持ちが伝わるように、間違い字がないか確かめなくっちゃ。

す。けれども、「〇〇さんにきちんと伝わるように、間違い字がないか見直そう」などと、文種の特徴を踏まえて働きかけることで、推敲の能力の育成や習慣形成が効果的に行えるのです。

また、言語活動の具体的内容を指導のねらいに応じたものにすることも大切です。例えば、「調べたことをリーフレットにまとめる」等の言語活動を位置付けた場合、リーフレットの具体的な内容が、指導のねらいときちんと合ったものとなっているかどうかが重要です。中学年の単元で、「場面の移り変わり」や「登場人物の気持ちの変化」に着目して読むことを指導しようとするのであれば、図のように、リーフレットの内容構造として、複数の場面を関係付けて印象に残る場面の移り変わりを説明する箇所や登場人物の気持ちの変化を紹介する箇所を設けることなどが考えられます。

言語活動の特徴が指導のねらいに合っているかどうかは、教材研究段階で、教師自身が実際に行ったり作ってみたりすることで一層明らかになります。また子どもたちがつまずきやすい箇所やその際の指導のポイントなども見えてくることから、重要な教材研究対象となります。なお、教師自作のリーフレット等は、単元の導入部などで提示することによって、子どもたちにとって魅力的な学習のモデルにもなります。

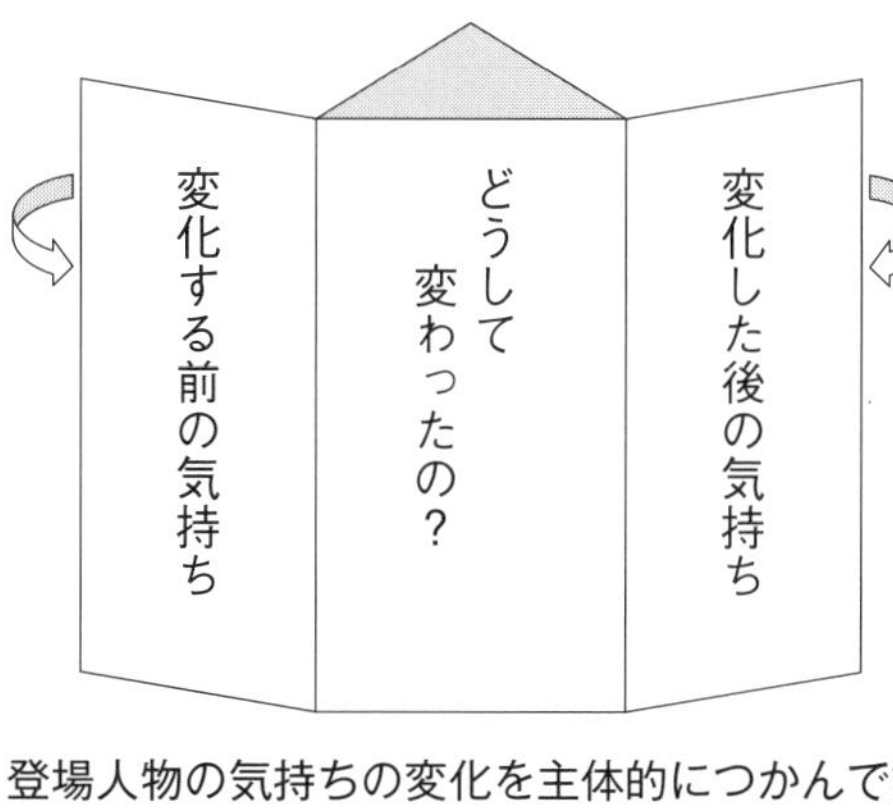

登場人物の気持ちの変化を主体的につかんで説明するためのリーフレット構造例

2 課題解決過程編

（1）目的に応じた要約の指導のコツ

○目的意識・相手意識をもった要約の指導

要約というと段落ごとに要点をまとめ、それを総合した客観的なものだという思いがどうしても我々にはあります。また現に受験問題ではそのような問題が出され、そういう問題を解けなければならないという状況もありました。しかし現実はどうでしょうか。実社会では、どのような相手にどれを強調して伝えるか、という思考を働かせて要約しているのではないでしょうか。それは子どもも同じです。例えば図鑑の中のダイズについて解説した文章を要約する際に、栽培委員会が育て方を調べているときの要約と、給食委員会がダイズの栄養について調べている時では、要約は当然違ってきます。また物語の要約であるあらすじも心に残った部分が違うので、当然要約する内容が変わってきます。要約を、要点をつなげていく機械的なものとしてとらえるのではなく、目的に応じたもの、子どもによって違うものとしてとらえていくことが大切なのです。

それでは具体的にどのようにしていけばいいのでしょうか。ここでは説明文と物語の要約について説明していくことにします。

(1) 説明文の要約

説明文では自分の必要な情報がどこに書かれているのかをまず探すところから始まります。そしてその部分から自分にとって必要な情報を、決められた字数でわかりやすく要約することが大切です。

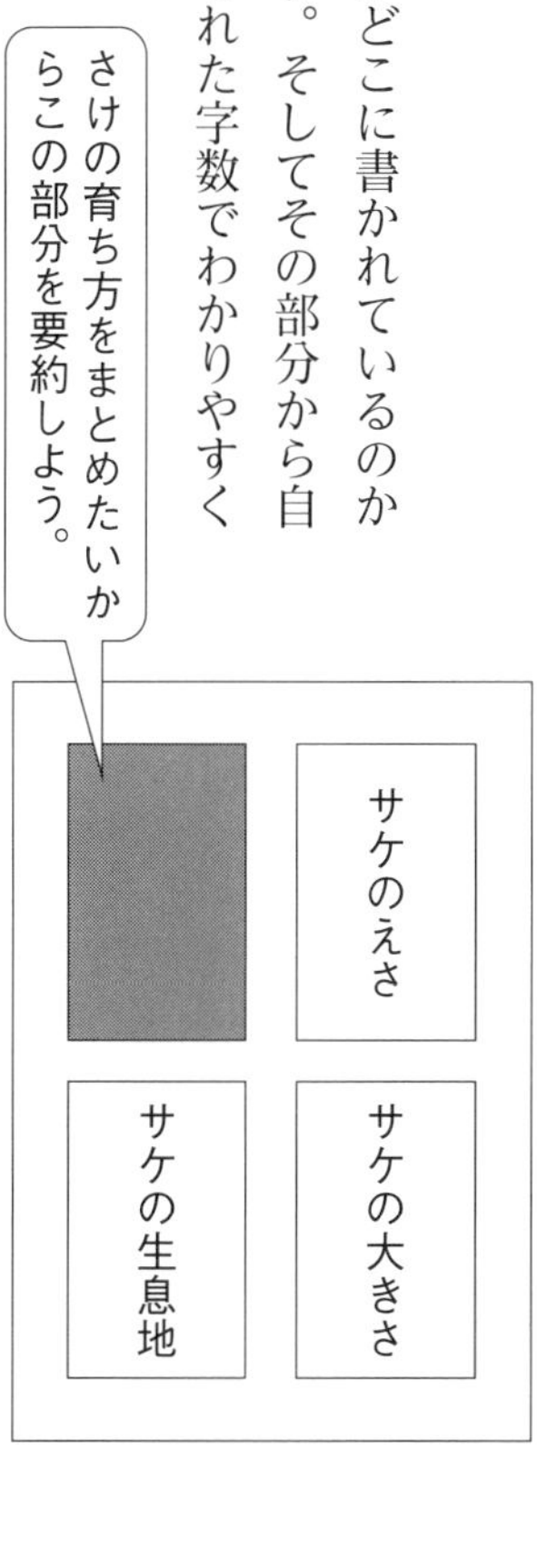
さけの育ち方をまとめたいからこの部分を要約しよう。
サケのえさ
サケの大きさ
サケの生息地

(2) 文学の要約（あらすじ）

文学ではストーリー全体の中から、自分の目的に合わせた部分を強調して要約することが重要になります。例えば「注文の多い料理店」を紳士の行動に注目して要約するか、山猫のセリフに注目して要約するか、オノマトペや色に注目して要約するかなどいろいろな観点があります、それぞれ自分の選んだ観点で要約し、それを交流することでいろいろな観点で要約できるようになります。

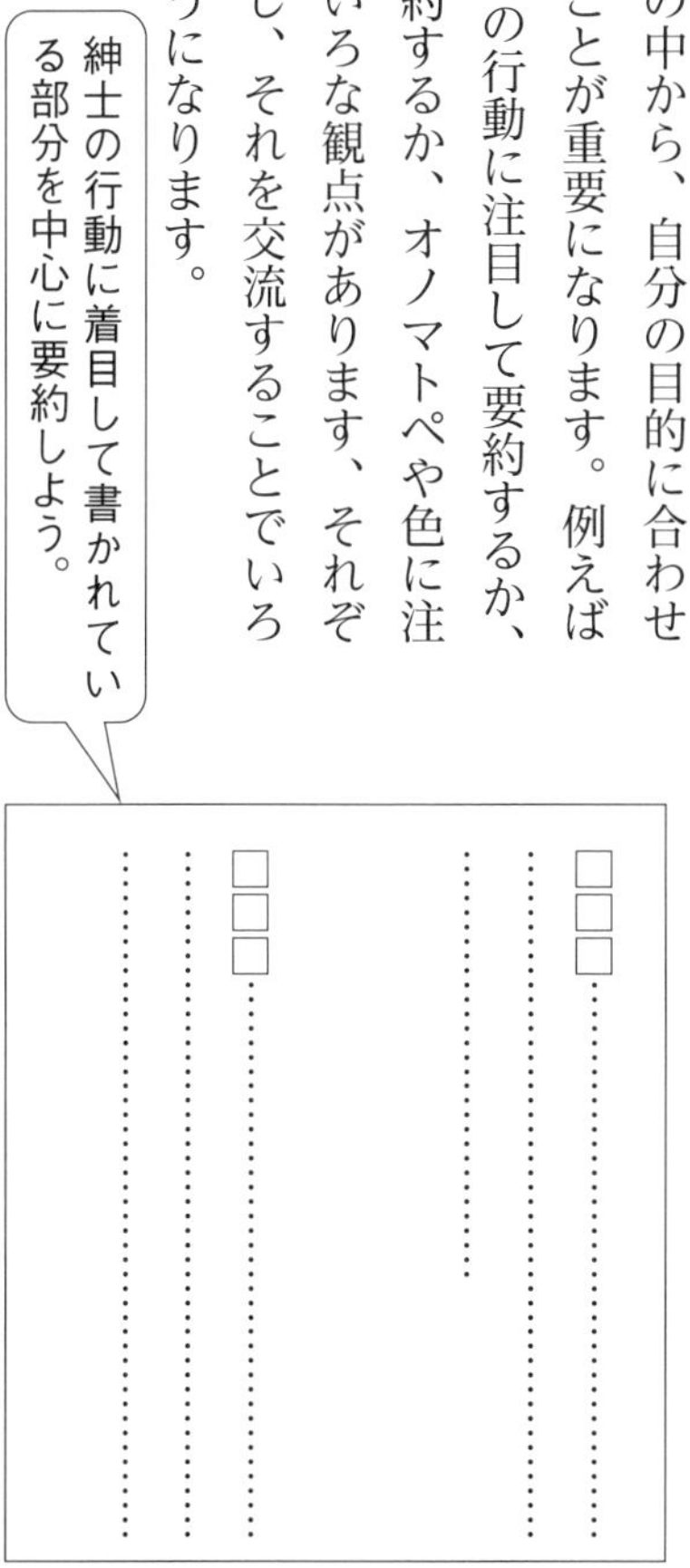
紳士の行動に着目して書かれている部分を中心に要約しよう。
□□□
□□□

（2）個人差に対応する指導のコツ

○個に応じた柔軟な指導

子どもたちが夢中になって活動していると、子どもによって進度が違ってくることはよくあります。読むことにもっと時間をかけたい子ども、読んで感じたことを文章にまとめるのに時間を使いたい子どもなど、子どもが意欲的に活動すればするほど、子どもにとって時間をかけたいところが異なり、進度に差が出てきてしまいます。またほぼ完成していたのに前の時間のところからやり直したいという子どももいます。

そうすると、どうしても教師は子どもの進度をそろえて指導したくなってしまいます。しかし、進度がそろわないということは、見方によってはよいことではないでしょうか。大人でも仕事をする際に多く時間をかけたいところ、時間をかけずに済むところがあります。また完成直前なのにやっぱりだめだと最初からやり直すこともあります。このように子どもの思考に応じて柔軟な指導、個に応じた指導をしていくことは主体的な学習にする上で必要不可欠です。

(1)　子どもによってかける時間を変える

子どもの思考を大切にしたいと思ってはいても、つい忙しさに追われて教師の都合で授業を進めてしまうことがあります。子どもは登場人物の性格についてもっと考えたいのに、「今日で登場人物の性格は終わりにするからあと五分で終わらせてね。」と言って無理やり終わらせることもあります。しかしそれでは子どもの本当の思考にはなりません。終わらなかった子どもには「次回の最初に前の時間の続きをやっていいよ。そのかわりあと四時間でみんなに追いつくんだよ。」と言って見通しをもたせることが大切です。テストでも、問題ごとに時間を決めるよりも、問題すべてを三十分でと時間の使い方を自由にさせたほうが結果がよくなるのは容易に想像がつくと思います。これと同じように時間の使い方を子どもに任せると、子どもは結果としてよい学習をするようです。

(2) 前の時間に戻ってもよいことにする。

教師はどうしても一時間ずつ進めたいので、前の時間の学習に戻りたいという子どもに「それはもう終わったよ」と言いがちです。しかし、そういうときこそ主体的な学習のチャンスです。子どもに「戻ってもいいよ。そのかわり後四時間で追いつくんだよ。」というゴールの設定だけしていつでも学習過程を行ったり来たりできるようにすることで子どもの主体的な学習になります。

下の図は子どもの学習の時間についての図です。図1はBの学習中に、Aに戻りたくなり、Aに戻った図です。子どもが目的のために行いたい学習を行うことは主体的な学習に必要なことです。図2はBの時間を長くした図です。先生が強制的にAからBへの移動を全員行うのではなく、Aが終わった人からBに移動します。そのことでこの子どもは自分がしたいBの時間を長くとることができます。

このように時間を子どもに応じて変えていくことが重要です。

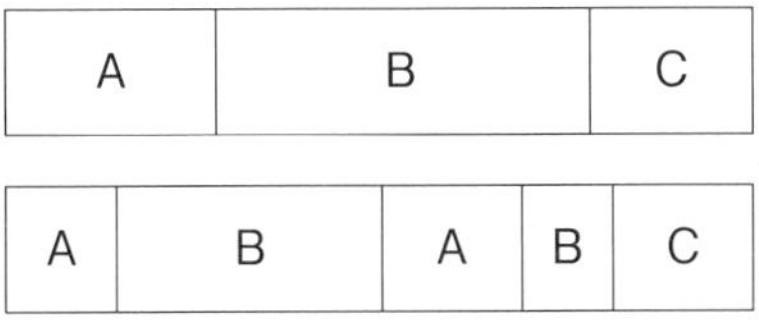

図１：Bから一度Aに戻る

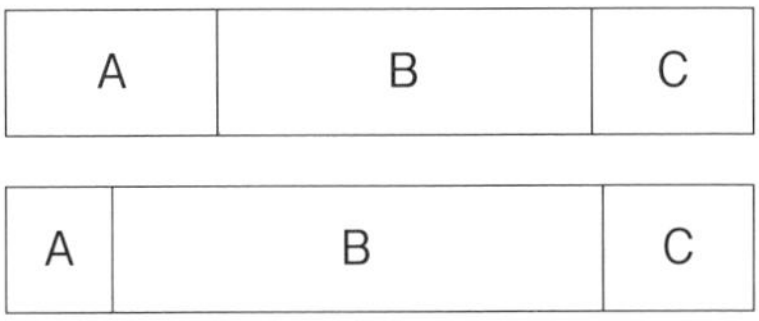

図２：Bの時間を長くする

（3） 実効性のある話型の指導のコツ

○応用性のある話型を示す。

話型は子どもたちが交流する上で有効なツールになります。いきなり交流しようと子どもに言っても、どのように交流すればよいのか子どもは困ってしまいます。そこで話型を導入することがよく行われます。「なぜかと言うと」「わたしは○○くんのリーフレットの□□というところがいいと思います。」というような話型を導入することで、理由を言う、よいところを挙げるということを子どもたちに具体的に指示することができます。子どもたちに理由を言いなさい、と言うよりもよほど具体的で効果があがります。そのため話型を教えていくことで子どもたちの交流する力を伸ばすことができると教師は思いがちです。しかし本当にそれでよいのでしょうか。

話型はあくまで言葉の「型」であり、それを「型」から自分自身が使いこなせる言葉にしていく必要があります。そのためには、目的意識のある活動の中で話型を使わせること、型を変えてはいけないものとさせずに、柔軟な型にしていくことで「型」を乗り越えることができます。

(1) 目的のある活動の中で「型」を使う

子どもに目的意識のない活動の中で「型」を使わせても、それは内容のある言葉を話したことにはなりません。またどういう時に型を使うのかも子どもは考えることができません。子どもが本当に理由を伝えたいけれど、その伝え方がわからないときに「なぜかと言うと」という理由を引き出す話型を教えることにより、子どもは理由を伝えられるようになります。また逆に理由を知りたいときに「どうしてですか」という話型を教えて質問させることで、相手が理由を考えることができるようになります。話型は思考を引き出すきっかけになるので、目的のある言語活動の中で使うと有効な言葉の学習になります。

(2) 柔軟な話型にする

よく話型を画用紙に書いて教室に張っているクラスを見かけます。それも最初のうちは有効ですが、身についてきたら外す必要があります。例えば理由を言う話型として「なぜかと言うと」という話型を掲示することで、理由は言えるようになりますが、すべての場合で「なぜかというと」がつながるわけではありません。もっとフランクな場では「だって」でもいいかもしれません。オフィシャルな場では「理由としては～が挙げられます」などの言葉を使う方がふさわしいでしょう。理由を示す話型にはいろいろなものがあることを前もって伝え、話型を柔軟に活用できるものとして提示することが重要です。

話型を使うと思考が深まる

（4）並行読書材選定・収集のコツ

1　ねらいに応じた並行読書材の選定

並行読書とは、当該単元の指導のねらいをよりよく実現するために、共通学習材（通常は教科書教材）と関連させて、本や文章を読むことを位置付ける、指導上の工夫です。ですから当然、選書も指導のねらいに応じて工夫することになります。例えば、教科書教材「海のいのち」において、作家固有の表現を味わわせることがねらいであれば、作者「立松和平」の作品から選んで読めるようにします。また、自分の考えを広げたり深めたりすることがねらいであれば、「命」をテーマとした様々な作家の作品から選んで読めるようにすることが考えられます。

並行読書材の冊数も、ねらいにより異なります。目的に応じていろいろな本や文章を選んで読むことがねらいであれば、ある程度幅広に用意し、一人一人の感じ方について違いのあることに気付くことがねらいであれば、同一作品を選んだ子ども同士がグループを組んで読みを交流できるよう、選書範囲を狭くすることが有効です。

2　十分な並行読書材の収集

並行読書材は、子どもが主体的に本に手を伸ばし、自由に選んで読むことができるよう、単元の学習が続く間は、十分な冊数を教室に常備することが必要です。そのため、並行読書材の確保は大きな

課題となります。

学校図書館の蔵書だけでは足りない際は、近隣の図書館から借りたり、相互貸借のシステムを使ってより多くの冊数を確保したりできる場合があります。地域の図書館との日常的な連携が望まれます。

しかし、近隣の学校が同時期に同じテーマやシリーズの作品を借りるケースも出てくるでしょう。それを避けるため、単元の順序を入れ替え、時期をずらして授業を行うなどの工夫も必要になります。

単元によっては、家庭や地域との連携が有効になる場合もあります。例えば、低学年において、乗り物や動物の図鑑を並行読書材とする場合、こうした本は各家庭に眠っている可能性があります。授業の趣旨を家庭に伝えて貸していただくよう呼びかけることも一つの方策です。

並行読書は、あまり読書環境に恵まれないで生活している子どもにとってとりわけ重要でかつ有効な手立てです。積極的な取組が望まれます。

(5) 図鑑や科学読み物を読む能力育成のコツ

1　情報活用能力としての図鑑や科学読み物を読む能力

図鑑や科学読み物を読む能力とは、目的に応じて、目次や見出し、索引などを利用したり、比べ読みや速読、摘読をしたりして必要な情報を得る情報活用能力であるといえます。

(1)　情報活用能力育成の課題

国語科において情報活用能力を育てるためには、「説明文教材を読み取らせる」といった狭い指導観を見直さなければなりません。従来行われてきた、「説明文教材を段落分けし、小見出しを付け、内容を要約して筆者の主張をつかむ」という指導過程では、説明文教材は読み取ることができても、図鑑や科学読み物は読めない、活用できないといった状況が起きてしまいます。子どもたちが調べ学習をする際に十分に機能する読む能力を身に付けることは難しいのです。

(2)　情報活用能力を育成する言語活動

生きて働く読む能力を育成するためには、説明文教材と、図鑑や科学読み物を関連させた言語活動を設定することが有効です。例えば、低学年の教科書教材「じどう車くらべ」の場合、「自分がすごいと思う乗り物の紹介カードをつくる」という言語活動を設定します。そして、紹介カードをつくるために、教材文を読み、乗り物の「仕事」と「つくり」といった観点を得ます。その教材文の読みを図鑑の読みに適用させて、自分がすごいと思った乗り物について「仕事」と「つくり」の情報を探すのです。

2　情報活用能力を育てる「説明文教材」の単元例

３年生
◆教材文
「すがたをかえる大豆」
◆並行読書材
大豆についての図鑑や科学読み物
◆言語活動
変身大豆ガイドブックを作る

※教材文から詳しく調べたい観点を見付け，並行読書材から必要な情報を引用する。

４年生
◆教材文
「くらしの中の和と洋」
◆並行読書材
衣食住の和と洋についての図鑑や科学読み物
◆言語活動
和と洋を比べた説明文を書く

※教材文から和と洋を比べる観点や比べて書く方法を学び，それを並行読書材に適用して読んだり，説明文を書いたりする。

６年生
◆教材文
「未来に生かす自然のエネルギー」
◆並行読書材
再生可能エネルギーについての図鑑や科学読み物
◆言語活動
自分の薦めるエネルギー源についてプレゼンをする

※教材文で具体例の挙げ方や資料の示し方について学び、それをもとに並行読書材から必要な情報を得る。

(6) 教室の言語環境整備のコツ

○言語活動の充実のために、学びの足跡や活動の成果、学習のための語彙を「見える化」する

(1) 学びの足跡が見えるように

子どもたちが学習したことが、その後の生活や学習に生かせるよう、学習のポイントや考えの足跡を示した掲示物を掲示するようにしましょう。子どもたちがどのように考え、学習を進めている(いった)か、学習の過程や成長の足跡がわかるように示します。(例①・②)

(2) 活動の成果が見えるように

言語活動の成果(作った作品、文章など)が多くの子どもの目に触れ、役立つことは、子どもたちの次への意欲につながります。成果を見合うことで、お互いのよい学びの機会となります。また、お薦めの本などのコーナーなどを設けることは、読書活動の推進につながります。(例③・④・⑤)

(3) 学習のための語彙が見えるように

言語活動の充実には、語彙の拡充も大切な視点です。感想を表すときの言葉、推薦するときの言葉、四字熟語、慣用句などのように、学習に役立つ言葉を集め掲示するようにします。(例⑥)

例① 5年「書くこと」
学びの足跡を残し増やす

「様々な文種のもつ特質がよくわかる」「他教科等で報告文や推薦文等を書く際に、国語科の学習が役立つ」カードを提示する。

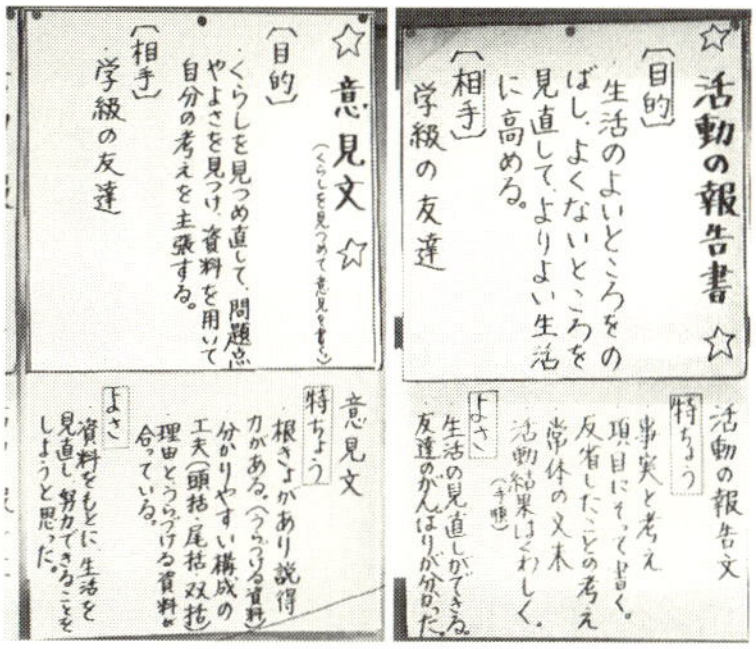

例② 5年 朝のスピーチ
学びの足跡を残し増やす

朝のスピーチを行う中で、話し合ってわかった友達の話し方のよさを色分けしたカードにして残し、増やしていく。

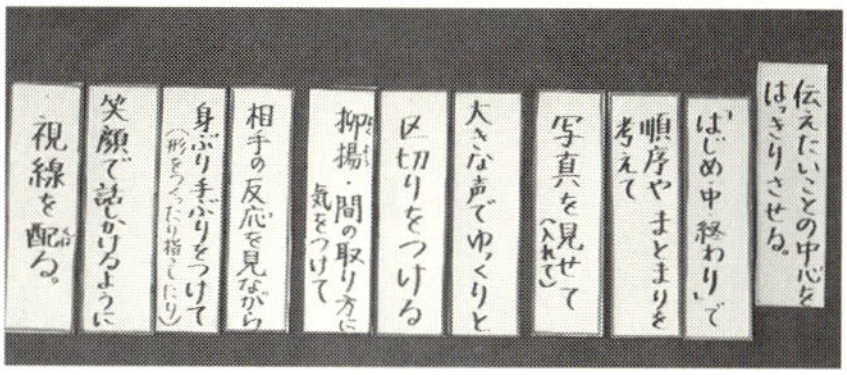

例③ 6年 「読むこと」
活動の成果の展示・紹介

読んだ本の推薦カードを綴じ展示する。

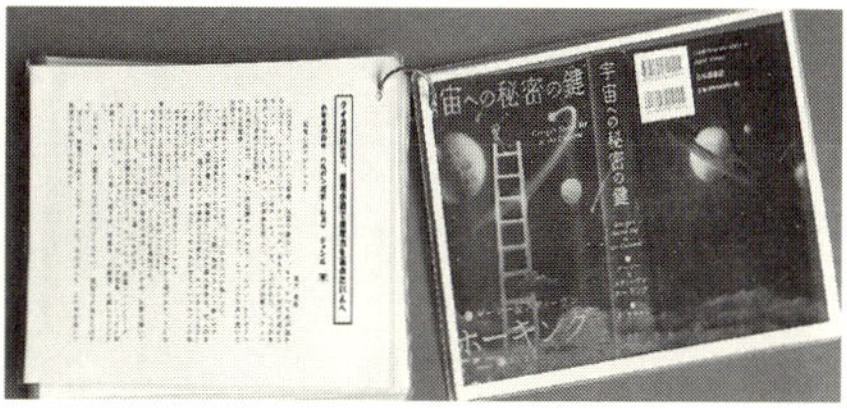

例④ 5年「書くこと」
活動の成果の展示・紹介

クラブのよさを書いたリーフレットを展示し、書いたことのよさを確かめる。

例⑤ 読書活動の推進

お薦めの本のポップを、教室背面などに随時展示する。

例⑥ 5年 朝のスピーチ
語彙を増やす

朝のスピーチで取り上げた話題（四字熟語や慣用句）の意味をカードにして残し増やす。

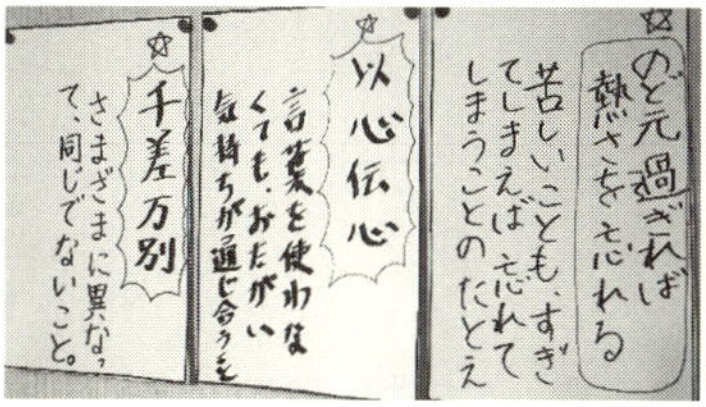

（7）入門期の表現力育成のコツ

○話すこと・聞くことを基盤にして、書くことへとつなげる

入門期の表現力の育成では、まず「話すこと・聞くこと」の学習で、一定の長さの説明や報告などを行えるようにし、それを生かしながら「書くこと」の表現へと発展させていくことが大切です。

(1)「話すこと・聞くこと」を基盤に

子供が話したいと願う話題を、安心して、話したり聞いたりできる場をつくりましょう。一対一から始め、具体的な相手を設定します。その中で、姿勢や口形、声の大きさ・早さに気を付けて話す、大事なことに気を付けて聞くなどの、基盤となる話し方や聞き方を身に付けるようにします。

(2)「書くこと」へ発展させる

話し言葉で、文型や助詞の使い方を指導し、口頭作文をもとにして文章化していくようにします。一人一人の話し言葉を大切にしながら、機会をとらえて、実際に文や文章を書くことが必要となる場を設定していきます。多くの事柄を言葉で表現することから、書くことへの取材の力へとつなげ、書く事柄を並べていく中で、次第に事柄の順序や時間の順序などの意識化を図るようにしましょう。

◎例えば絵を見て話すことから、書くことへと発展させる指導を考えてみましょう。

★絵を見て、気付いたことを話す

さるが、
います。
木の上に
います。
何がいますか。
どこにいますか。
花が、
あります。
すみに、
あります。
うまが、
います。
こやに、
います。

指導のポイント
・絵を見て、友達と二人で尋ねたり応答したりする。
・絵を見ていくつかの事柄を関係付けながら話をする。
・主述の関係をとらえるようにする。

★文型や助詞の指導をし、口頭作文をする

・うまが、こやにいます。
・さるが、木の上にいます。
・はなが、すみにあります。

さらに…

・こやのうまが、うさぎと話しています。
・木の上のさるが、木の実を食べています。
・赤い花が、すみにたくさんさいています。

◎言葉集め
大きな鳥、並んだ小鳥
うさぎの親子

指導のポイント
・いくつかの事柄を関係づけて主述の関係で文づくりをする。
・修飾表現を使うことができた場合ほめるようにする。

★書く場（日常の書く場）の設定をする

日記
手紙
お知らせ
おすすめ
記録
など

指導のポイント
・書く機会を増やし、多くの言葉を集めながら書く。
・書くことを楽しみ、親しむ。

（8）場面読み・段落読みを乗り越えるコツ

1　指導の便宜としての場面わけ、段落わけ

これまで、物語教材では場面わけ、説明文教材では段落わけをして指導されることが多くありました。そして、場面わけ、段落わけは全く疑われることなく、単元のはじめで行われてきていました。しかし、よくよく考えてみれば、大人になって小説を読む場合、場面わけを行ったり、小説以外の文章を読む場合に、意味段落に区切ってしっかり読み取ったりするでしょうか。おそらくはしていないと思います。

実際に授業で場面わけをしている際に、一単位時間に都合のいいように区切っている場合も見受けられます。段落わけでは意味段落に分けるという作業をしますが、現在の説明文教材では、同じ教材文であっても、意味段落の分け方は一通りではないようで、いくつかの分け方が見受けられます。実は、場面分け、意味段落分けは授業者の指導の便宜のために存在していたのです。

現代のように多くの文章が手軽に参照できる環境に応じた読む力は、教材文を「しっかり」読み取ることだけでは育てられません。多くの文章を比較し、検討する能力が必要とされるのです。並行読書材の前に、教材文が読めていないから、教材文をしっかり指導するという声も聞かれますが、そこで指導されて身に付くのは「教材文の内容がわかった」ということであって、読む力が付いたということではありません。

2 場面読み、段落読みを乗り越えるには

ただ、漫然と「しっかり」読むということから意識を変える必要があります。授業者側からの発想ではなく、子どもたちの必然性から発想することが大事です。

たとえば、子どもたちが物語を読み、「紹介したい」という気持ちをもって、あらすじをまとめる場合で考えてみましょう。中学年の「C 読むこと」の指導事項「ウ場面の移り変わりに注意しながら、登場人物の性格や気持ちの変化、情景などについて、叙述を基に想像して読むこと」はあらすじをとらえることを通して指導することが可能です。あらすじは実は読み手の関心や目的によって異なります。あらすじに唯一の正解があるわけではありません。ましてや、場面ごとにあらすじをまとめ、最後にそれらをまとめて物語のあらすじとはなりません。

登場人物の性格をとらえるためにも複数の場面に散らばっている叙述をもとに考える必要があります。場面ごとに読みとっていては読みの目的は達成できません。

説明文も同様です。段落分けをして読みすすめて内容を読みとるのではなく、目的をはっきりさせて読みましょう。漫然と教材文を読み取るだけの指導から脱却しましょう。

あらすじをとらえさせて、紹介することにしよう。
一場面だけではなくて、場面の移り変わりに注意してだとどんな言語活動になるかな？

3 学習指導案作成編

（1）単元の指導目標と評価規準の記述のコツ

1 単元の指導目標

学習指導案を立案する中で、最も熟慮しなければならない部分です。それは、この単元でめざす事柄を明確にしていかなければならないからです。

コツ① 子どもの実態を見極めましょう

目の前の子どもたちに「どのような言語能力がついているか」を把握しましょう。例えば、物語を読む際、場面の移り変わりには着目して読むことができている。しかし、登場人物の心情の変化に気付きながら読むことはまだまだできていない等、今までの指導を振り返って、「できていること」「これから身に付けさせること」に分類しておきます。

コツ② 付けたい力を焦点化しましょう

学習指導案を記述し始めると、「あれもこれも指導しなければ」と思いがちです。教材の特性や児童の実態を踏まえて、「これから身に付けさせること」の中から、付けたい力を一つないしは二つぐらいにしぼります。その際、学習指導要領国語の指導事項のどの項目に該当するのかについて検討し、言語活動の特徴も踏まえた記述にします。

コツ③　「〜ができる」という記述でまとめましょう

例　「○○」の本を読んで、登場人物の会話や行動に着目しながら、登場人物について魅力のあるところを紹介することができる。

2　評価規準

国語の評価規準は次の五観点で示されています。

①国語への関心・意欲・態度　②話す・聞く能力　③書く能力　④読む能力
⑤言語についての知識・理解・技能

評価規準は、単元の指導目標に対して、子どもが「どのような状態・状況にあれば、概ね満足できる」のかを、観点別に記述します。その際、「国語への関心・意欲・態度」と「言語についての知識・理解・技能」は常に記述しますが、「話す・聞く能力」「書く能力」「読む能力」については、中心となる領域の力について一つないしは二つ取り上げて記述するとよいでしょう。そして、指導事項が言語活動を通してどのような状況で現れているかがわかるようにします。

例　登場人物についての魅力を紹介するために、人物の会話や行動などを叙述をもとにして読んでいる。※学習の状況を評価するために、文末は「〜している」という形で記述します。

（2）単元を貫く言語活動とその特徴の記述のコツ

なぜ、その言語活動を行うのか、その言語活動でどのような力が身に付くのかについて明らかにするために記述します。

コツ① 単元を貫いて位置付ける言語活動を具体化しましょう

一概に「パンフレットをつくる」と言っても、どのようなパンフレットをつくるのかが明確にならないといけません。

コツ② その言語活動がもつ特徴について分析しましょう

その単元で行う言語活動がどのようなものなのか具体的に記述します。この部分を明らかにするために、指導者が実際にその言語活動を行ってみることをおすすめします。言語活動をすることで、言語活動の構成が明確になったり、言語活動の様々な要素を取捨選択したりすることができ、より効果的な言語活動にすることができます。

コツ③ 単元の目標達成のためにその言語活動がどのように結び付くのか記述する。

学習指導要領の指導事項とどのように結びついているのかを明らかにします。

第○学年　国語科学習指導案

指導者

1　単元名

○○○○○○○○○○○○○○○○○○○○○○○○○○

2　単元を貫く言語活動とその特徴

単元を貫いて位置付ける言語活動について具体的に記述しています。

記述例

単元を貫く言語活動として、「自分が紹介したい動物のふしぎを調べて、パンフレットにまとめる」ことを位置付けた。

本単元でつくるパンフレットには、自分が調べた動物のふしぎについて、「問い」と「答え」の形式で要約して記述する部分と、その調べたことからわかったことを記述する部分とで構成する。

言語活動の特徴を分析しています。

このことで、「目的や必要に応じて、文章の要点や細かい点に注意しながら読み、文章などを引用したり要約したりすること」（第３学年及び第４学年 C 読むことエ）を実現するのにふさわしい言語活動であると考えた。

言語活動と単元の目標との結びつきについて記述しています。

（３以降は省略）

（3）単元の指導過程の記述のコツ

いよいよ単元の構成を考えます。子どもが見通しをもって学習できること、主体的な学びができるように言語活動を効果的に位置付けること、指導目標と指導内容がぶれないようにすることなどに留意しながら単元の構成を考えていきます。

コツ① 単元の導入部では、子どもが学習の見通しをもつことができるように構成しましょう

この単元でどのような力が付くのか（何を学ぶのか）という意識付けをしたり、今までの学習を振り返り本単元で活用を図ったりすることが大切です。また、単元を貫く言語活動についても、見通しをもたせるようにしましょう。そのために、指導者が言語活動のモデルを示し、学習のイメージがつかめるようにします。例えば、既習の教材文を使って「読書紹介カード」をつくり、それを提示することで、どのような活動をするのか、そのためにどのような読みをすればいいのかを把握させるようにします。

コツ② 単元の展開部では、単元の目標達成に迫るための指導を工夫しましょう

「話すこと・聞くこと」「書くこと」の領域では、「友達に自分の意見を提案するために資料を集め、パネルディスカッションをする。」というように、相手意識、目的意識を明確にして、単元の目標に迫るための効果的な言語活動を設定します。「読むこと」の領域では、場面や段落ごとに一つ一つ読み取っていくのではなく、目的に応じた読みを展開します。例えば、「環境問題について筆者と自分

の意見を比べながら読み、自分の意見をまとめる」ことが付けたい力なのであれば、筆者の意見やその根拠になる部分を引用したり要約したりする学習や、他の本や資料を比べて読むといった学習活動を展開する必要があります。

コツ③　単元の発展部では、言語活動を子ども自身が自力で行えるように構成しましょう

展開部で身に付けた力を生かし、他の本や資料を読んでまとめたり、調べたことを交流したりする時間を設定します。その際に、自分の意見を述べたり、友達の意見と比べてもう一度考えを深めたりという機会を大切にします。その上で、単元を振り返り、どのような力が身に付いたのかを実感させることが、次の単元へつなげる重要な過程となります。

コツ④　学習指導案はなるべく具体的に書きましょう

学習活動は子どもの様子がわかるように、具体的に書きます。例えば、「一の場面を読み取り、感想を書く」ではなく、「心に響いたことをブックトークで紹介するために、家族への思いやりがわかるところを交流する」と記述すると、学習の目的や読みの視点が明確になります。また、指導上の留意点や支援の仕方の項目は、「~できるように助言する」ではなく、どのような助言をするのか、支援には何を用いるのか等、具体的に書くことが大切です。そうすることで実際の授業の際に、適切に子どもと向き合うことができます。

（4）本時の指導過程の記述のコツ

本時の指導については、学習指導案の中で最も詳細に、具体的に書かなければなりません。
コツ① 単元の目標に迫る具体的な本時の目標を立てよう
本時で付けたい力が明確に書かれていることが大切です。例えば、単元目標で「表現の工夫をとらえて読む」ことをねらいとした場合、本時の目標ではさらに具体的に「説明文の事実と意見を分類しながら読み、文の役割や効果について考えることができる」と記述します。
コツ② 学習課題は単元を貫く言語活動を意識できるものにしよう
なぜ、この学習を行うのかという目的を明らかにし、その目的のためにどのような言語活動をするのかが明確に子どもに伝わる学習課題を設定します。例えば、「心を動かされたところを交流しよう」では、目的や言語活動が曖昧です。「ブックトークに向けて、登場人物の言動に着目し、心を動かされたところを交流しよう」とするとより明確になります。
コツ③ 指導上の留意点は様々な場面を想定して具体的に記述しよう
本時の目標に照らし合わせて、到達しない子どもへの支援、また発展的に学習できる子どもへの働きかけについて、指導者の言葉、準備物等具体的に記述します。

第　学年　国語科学習指導案

指導者

1　単元名

○○の本を読んで作品の魅力をブックトークで紹介しよう

単元で付けたい力と言語活動が結びついた単元名を付ける

2　単元を貫く言語活動とその特徴

3　単元について

（1）児童について

（2）単元構成について

（3）指導について

同系統の学習での児童の実態（身に付いている力、身についていない力）について分析する

4　単元の指導目標

5　単元の評価規準

国語への関心・意欲・態度	読む能力	言語についての知識・理解・技能
～しようとしている。	～している。	～している。

6　単元の指導計画

次	時	学習活動	指導上の留意点	評価

7　本時の指導

（1）目標

（2）指導過程

本時の目標につながる発問や指示になるように工夫する

時間	学習活動	主な発問や指示	指導上の留意点	評価

Ⅳ章

単元を貫く言語活動の展開例

低学年

単元「年長さんに絵本を読み聞かせしよう」

単元を貫く言語活動「自分のお気に入りの絵本を、会話文を工夫して音読する」

一年「読むこと」（物語文）　**学習材**▼　教科書教材「けんかした山」、絵本二冊

1 単元の指導目標

・語のまとまりや言葉の響きに気を付けて音読することができる（読むこと　ア）
・登場人物の行動を想像して音読することができる（読むこと　ウ）
・年長さんに読み聞かせをするために本を選ぶことができる（読むこと　カ）

2 単元の評価規準

国語への関心・意欲・態度	読む能力
・年長さんに読み聞かせをすることを意識して意欲的に音読をしている。	・語のまとまりに気をつけて、聞き手に意味が伝わるように音読をしている。（読むこと　ア） ・登場人物の話した会話文を想像して工夫して音読している。（読むこと　ウ）

言語についての知識・理解・技能	・年長さんに読み聞かせをするために本を選んでいる。（読むこと　カ） ・言葉には、事柄の内容を表すはたらきがあることに気づいている。イ（イ）

3　単元を貫く言語活動とその特徴

本単元を貫く言語活動として「C　読むこと」の言語活動例「ア　本や文章を楽しんだり、想像を広げたりしながら読むこと」を位置付けた。具体的には年長さんに自分が幼稚園のときに読んでいた本でお気に入りの絵本を読み聞かせをする。このことで一年生の子どもたちが主体的に読み聞かせの工夫をして音読をすることができると考えた。

4　単元について

(1) 児童について

前の単元において、子どもたちは音読劇をしている。今回は自分で本を選び、工夫したいところを自ら選ぶことで、主体的な学びになることをねらった。

(2) 教材及び単元構想について

活動が広がっていく

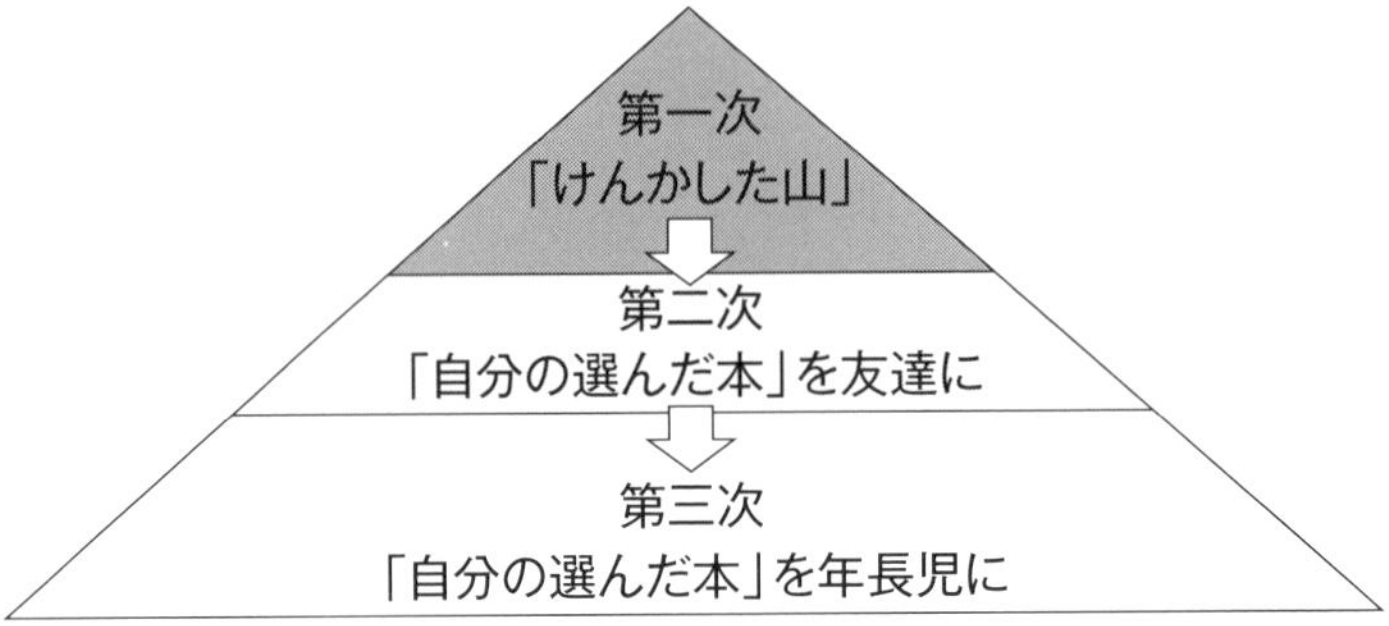
第一次
「けんかした山」
第二次
「自分の選んだ本」を友達に
第三次
「自分の選んだ本」を年長児に

①教材について

本単元では教科書教材「けんかした山」とともに、幼稚園、保育園のときに読んだ絵本を二冊用いた。それを用いたのには二つ理由がある。一つは音読の工夫に子どもが集中できるということである。正確に音読するのに精一杯の本では子どもが工夫に集中できない。ここでの指導事項は行動を想像すること、つまり会話文を工夫して読むことなので、幼稚園、保育園の時に読んだ本は難易度としてちょうどよいと考えた。

二つ目は相手である幼稚園の子が喜んでくれる本であるということである。相手を意識し音読する本として、幼稚園、保育園の時に読んだものが適している。

②単元構想について

第一次では、「けんかした山」で、会話文の工夫を考えて音読することを学習した。その後自分が選んだ本の音読の練習をし、実際に幼稚園の年長児に読み聞かせを行った。

5 単元の指導計画（総時数五時間）

次	主な学習活動と子どもの意識の流れ	主な指導○と評価□
第一次（1時間）	・教師の読み聞かせを聞き、読み聞かせをするという意欲をもつ	○授業者が自分の息子（年長）に読み聞かせをしている本の読み聞かせをし、単元のゴールをはっきりとさせる。 ○自分が幼稚園のときに聞いた本で、印象に残った本があるかどうかを聞き、意欲を盛り上げる。
	幼稚園の子に読み聞かせをするために、音読の練習をしよう	
	・「けんかした山」を読み、様子を想像して音読する。 ・次の時間までに家にある本か図書館の本で、幼稚園の子に読み聞かせをしたい本を２冊もってくるように伝える。	○「けんかをやめろ」というお日さまのせりふと、「おやめなさい。そうでないと、もりのどうぶつたちはあんしんしてねていられないから」というお月さまのせりふを工夫して読み、どのように読んだらよいのか考えて音読する。 [読]お日さまとお月さまのせりふを工夫して音読している。（観察）
第二次（3時間）本時3／5	・幼稚園の子どもに読み聞かせすることを確認する。	○幼稚園の子に伝わるよう、ゆっくりと読むように指導する。
	幼稚園の子に読み聞かせをする絵本を決めよう	
	・自分が読み聞かせしたい本を実際に音読して、その中から実際に読み聞かせする本を決める。	○実際に音読することで、読むのが困難なもの、相手には幼すぎるものなどがわかってくる。また聞く相手が年長児であることを踏まえ、長くても10分で終わるものにするため、時間も計測する。 ○指導事項を身に付けさせるため、会話文があるお話に限定する。 [読]年長児に読み聞かせをすることを考えて、自分の読み聞かせをする本を選んでいる。

		言言葉には、事柄の内容を表すはたらきがあることに気づいている。 （観察・ワークシート）

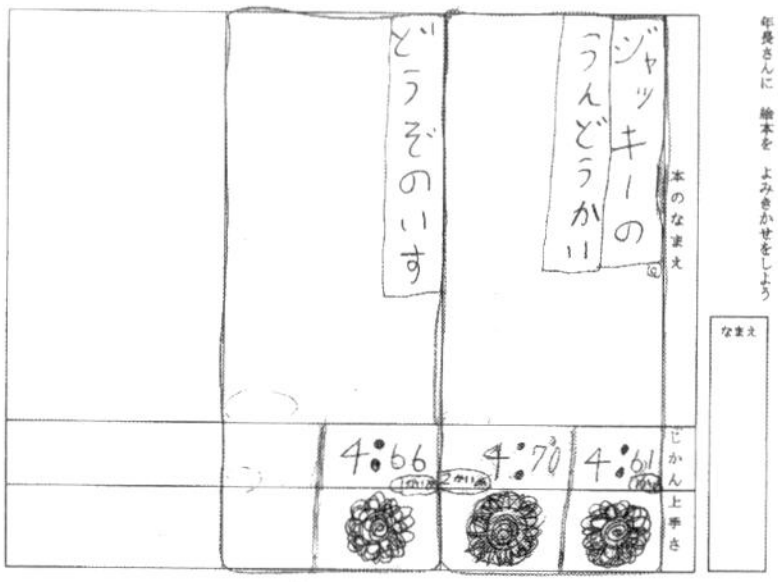

	・教師が「けんかした山」を読み、会話文を工夫することを確認する。	
	会話文に気をつけて選んだ本の読み聞かせの練習をしよう	
	・実際に工夫を考えながら音読させる。 ・どんな工夫をすべきかワークシートにメモをする。 ・友達と一緒に練習をして、読み聞かせをする。	○自分がどのようにその絵本を音読するのか、その工夫するポイントをメモすることでそこを意識させて音読するようにさせる。 読自分の読み聞かせをする本を選び、音読の練習をしている。（観察・ワークシート）
第三次（1時間）	・年長児に読み聞かせをする  ・教室に戻り、振り返りをする。	○幼稚園の年長児が読み聞かせに集中しやすいよう、机のどこに座るのか、人数をどうするのかなどを考慮した。 ○終わった後に達成感をもてたことを確認する。 読読書への興味を高めている。（ふりかえりシート）

6 本時の学習（3／5時）

（1）本時のねらい

自分の選んだ絵本を、会話文を工夫して音読することができる（読むことア）

（2）準備

自分が読み聞かせをしたい絵本　ワークシート

（3）本時の展開（次頁参照）

（3）本時の展開

学習活動	時間	○教師の働きかけ ・子どもの意識の流れ	指導○と評価□ （方法）
1. 本時の見通しをもつ。 ポイント①	5	○前回読み聞かせをする絵本を選んだね。どんなふうに工夫して音読するとよいのでしょうか。 ・読み聞かせをする絵本を決めたからしっかり練習したいぞ。 ・でもどのように工夫すればいいんだろう。 ・よし、会話に気をつけて音読するぞ。	○教師が「けんかした山」を音読し、会話文に気をつけることを思い出させる。
会話文に気をつけて、選んだ本の読み聞かせの練習をしよう			
2. 読み聞かせに向けて音読の練習をする ポイント②	30	・ここの部分は楽しそうに読もうかな。 ○読み聞かせの工夫するポイントをワークシートに書かせる。 ・忘れないようにカードに書くぞ	○グループで交代して音読の練習をさせることで、聞く人がいるという相手意識をしっかりともたせるようにする。
読み聞かせを友達に聞いてもらおう			
3. 工夫するポイントをワークシートに書く。	10	 ○もう一度読み聞かせの練習をする。	読登場人物が話した会話文を想像して音読している。（観察・ワークシート

（4）本時の指導―ここがポイント！

ポイント①

前に読んだ共通学習材と結び合わせ、会話文を工夫するということを子どもに思い出させ、工夫するポイントを明確にする。

ポイント②

実際に友達に読み聞かせをすることで読み聞かせを実感を伴って意識させる。その際相手と対面して読むのではなく、隣にいてもらうことで読みやすくする。

7 指導の実際と評価

（1）本単元で用いた年長児への読み聞かせ

年長児に読み聞かせを行うことで、一年生の子どもたちの意欲が高まり、主体的な活動になった。教師が読むものを指定し、それを音読しようというのではなく、子どもから音読するものを選び、それを年長児という具体的な相手に読み聞かせすることは子どもの読書への意欲を高めた。実際子どもからの感想には以下の様なものがあった。

「セリフの言い方がおもしろかったと言ってもらってうれしかったです。」

「あまりどくしょがすきじゃなかったけれどすきになりました。」

（２）指導・評価の一工夫

ワークシートにどのようなセリフをどのように工夫して読むのかを次頁の図のように記入させた。そのことにより、子どもは音読のポイントを意識して読むことができるし、教師の評価の対象にもすることができる。音読の評価は観察だけでは難しいので、子どもが書いたものを併用しながら行うとよい。

（３）本単元で用いた読書材

本単元では子どもの読書が中心となっているため読書材と呼ぶ。自分が読み聞かせしたい本を選ぶため本を複数読み、慎重に選んでいる様子が見られた。具体的には次の作品を選んでいた。

・『あたまがいけ』日野十成再話、福音館書店、二〇一四年
・『キャベツくん』長新太、文研出版、一九八〇年
・『そらまめくんとめだかのこ』なかやみわ、福音館書店、二〇〇〇年
・『タベールだんしゃく』さかもと　いくこ、チャイルド本社、二〇一一年
・『だるまちゃんとてんぐちゃん』加古里子、福音館書店、一九六七年

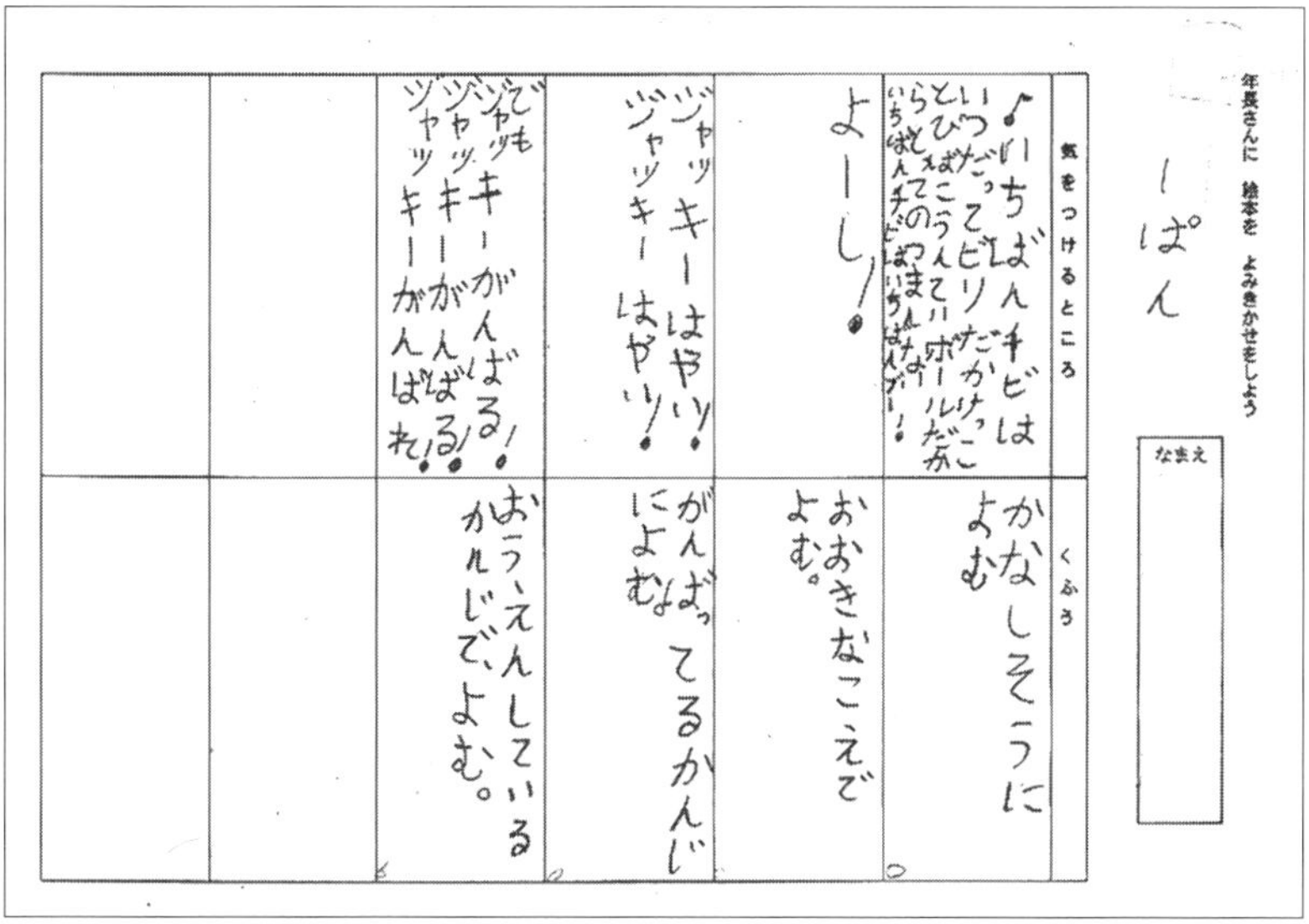
年長さんに　絵本を　よみきかせをしよう

しぱん

なまえ

気をつけるところ	くふう
♪いちばんチビは いつだってビリだかけっこ とびばこうんていボールなげ [illegible] [illegible]	かなしそうによむ
よーし！	おおきなこえでよむ。
ジャッキーはやい！ジャッキーはやい！	がんばってるかんじによむ
でもジャッキーがんばる！ジャッキーがんばる！ジャッキーがんばれ！	おうえんしているかんじで、よむ。

ワークシート

中学年

単元「『車のいろは空のいろ』シリーズのふしぎを解き明かそう」

単元を貫く言語活動「ファンタジー作品の不思議なおもしろさを説明する」

四年「読むこと」（物語文） 学習材▼ 教科書教材「白いぼうし」、シリーズ『車のいろは空のいろ』から七作品

1 単元の指導目標

ファンタジー作品のおもしろさを説明するために、場面の移り変わりに注意しながら、場面と場面を関連付け、登場人物の性格や気持ちの変化、情景などについて叙述をもとに想像して読んだり、おもしろさを伝える上で根拠となる叙述を引用したりすることができる。（読むことウ、エ）

2 単元の評価規準

国語への関心・意欲・態度	・ファンタジー作品をシリーズで読むことに関心をもち、自分の感じた不思議なおもしろさを説明するために、叙述をもとに考えたことを友達と交流したり、読んだことを「ふしぎのとびら」にまとめたりしようとしている。
読む能力	・自分の選んだファンタジー作品のおもしろさを伝えるために、場面の移り変わりに注意しながら、場面と場面を関連付け、登場人物の性格や気持ちの変化、

	情景等などについて叙述をもとに想像して読み、不思議な出来事の仕掛けを説明している。（ウ） ・自分の選んだファンタジー作品のおもしろさを伝える上でその根拠となる叙述を引用している。（エ）
言語についての知識・理解・技能	・指示語や接続語は、文相互の関係、段落相互の関係を端的に示す手掛かりになることを理解し、文章を読んでいる。（イ（ク））

3 単元を貫く言語活動とその特徴

本単元を貫く言語活動として、「C 読むこと」の言語活動例「エ 紹介したい本を取り上げて説明すること。」を具体化し、「ファンタジー作品の不思議なおもしろさを『ふしぎのとびら』で説明する」ことを設定した。「ふしぎのとびら」には、お話のおもしろさを伝える「いちばんのふしぎ」、場面と場面を関連付けた「不思議解き明かし」、主人公の気持ちや性格をとらえた「松井さんのひとりごと」を書く。この「ふしぎのとびら」をつくることで、本単元でねらう「C 読むこと」の指導事項「ウ 場面の移り変わりに注意しながら、登場人物の性格や気持ちの変化、情景などについて、叙述を基に想像して読むこと」及び「エ 目的や必要に応じて、文章の要点や細かい点に注意しながら読み、文章などを引用したり要約したりすること。」に迫ることができる。

導入	展開	発展
・「車のいろは空のいろ」シリーズ紹介を聞く。 ・「ふしぎのとびら」で選んだお話のおもしろさを説明するという課題を設定する。 ・教師の参考作品を基に単元計画を作成する。 ・自分が説明したい作品を選ぶ。	・「ふしぎのとびら」をつくりながら，教科書教材「白いぼうし」を読む。 ・友達と交流しながら，自分の読みを明らかにしたり広げたりする。 ⇩ ⇧ ⇩ ⇧ 発展 ・「白いぼうし」の読みを自分が選んだ作品に生かし，同じ作品を読んだ友達と交流しながら「ふしぎのとびら」をつくる。	・「ふしぎのとびら」を使って互いの読みを交流する。 ・興味を持った他の作品を読み直す。

シリーズの並行読書 →

4 単元について

(1) 児童について

前単元では「お気に入りの人物をキャラクターシートで紹介する」という言語活動を行い、「C　読むこと」の指導事項「ウ　場面の移り変わりに注意しながら、登場人物の性格や気持ちの変化、情景などについて、叙述を基に想像して読むこと」の「登場人物の性格や気持ちの変化」に重点を置いて指導した。そこで本単元では、既習をもとに、複数場面における人物の言動や情景の叙述を関連付け、場面の移り変わりをとらえられるようにしたい。また、前単元では「エ　目的や必要に応じて、文章の要点や細かい点に注意しながら読み、文章などを引用したり要約したりすること」の「要約」を取り上げて扱ったため、本単元では、自分の読みの根拠となる叙述を「引用」することを重点的に指導していく。

(2) 教材及び単元構想について

① 教材について

本単元では、教科書教材の「白いぼうし」とともに、同じシリーズ「車のいろは空のいろ」から七作品を扱う。

②単元構想について

第一次では、「車のいろは空のいろ」シリーズの紹介を聞いたり、教師がつくった「ふしぎのとびら」の参考作品を見たりして、単元の見通しをもつとともに、シリーズの並行読書をすすめ、自分が説明したいお話を選ぶ。

第二次では、「ふしぎのとびら」をつくりながら教科書教材「白いぼうし」を読み、その読みを生かして、自分の選んだお話の「ふしぎのとびら」をつくる。その際、教科書教材で学んだことをスモールステップで、選んだお話に生かすことができるよう、ＡＢワンセット方式と入れ子構造を併用する。また、同じお話を選んだ友達との交流の場を効果的に設定し、自分の読みを明らかにしたり広げたりできるようにする。

第三次では、完成した「ふしぎのとびら」を使って、選んだお話の不思議なおもしろさを説明し合う。異なるお話を選んだ友達と交流させることで、シリーズ作品のおもしろさを十分に味わえるようにする。

5 単元の指導計画（総時数十一時間）

次	時	主な学習活動	主な評価
第一次	1 2	○「車のいろは空のいろ」シリーズの紹介を聞き、読み始める。 ○おもしろいと思った作品とそのわけについて話し合い、松井さんをめぐって不思議な出来事が起こる共通性に気付く。 ○教師がつくった参考作品を見ながらおもしろさの説明を聞き、「ふしぎのとびら」で作品のおもしろさを説明するという単元の課題を設定する。 ○学習計画を立て、自分が紹介したいお話を選ぶ。	関「車のいろは空のいろ」シリーズに関心をもち、楽しんで読もうとしたり、自分がおもしろいと思ったお話について話そうとしたりしている。
第二次	3	【白いぼうし】 ○自分が不思議に思うところを探す。 ○全文掲示をもとに、不思議に思うところを友達と交流し、そのわけを話し合う。 ○「白いぼうし」のおもしろさを伝えるために最もふさわしい不思議を選び、ワークシートの「いちばんのふしぎ」に書く。 ABワンセット	読「白いぼうし」を読み、自分がおもしろいと思った不思議の部分を見つけ、そのわけを叙述に沿って話したり書いたりしている。
	4	【選んだお話】 ○「白いぼうし」で学んだことをもとに、不思議に思うところを探す。 ○全文シートをもとに、不思議に思うところを友達と交流し、そのわけを話し合う。 ○おもしろさを伝えるために最もふさわしい不思議を選ぶ。	読選んだお話について、自分がおもしろいと思った不思議の部分を見つけ、そのわけを叙述に沿って話したり書いたりしている。
	5 本時	【白いぼうし】→【選んだお話】 入れ子 ○「白いぼうし」の不思議を解き明かす叙述について、場面と場面の関連を根拠にして友達と交流し、「ふしぎのとびら」に引用する叙述を決める。 ○選んだお話を「ふしぎのとびら」で説明するために、不思議を解き明かす叙述について友達と交流する。	読お話のおもしろさを説明するために、複数場面を関連付けて場面の移り変わりをとらえ、不思議を解き明かす根拠となる叙述を指摘している。
	6	【白いぼうし】 ○前時に話し合ったことをもとに、「ふしぎ解き明かし」の引用と説明部分を書く。 ABワンセット	読お話のおもしろさを説明するために、複数場面を関連付けて場面の移り変わりをとらえ、不思議を解き明かす根拠となる叙述の意味を説明している。
	7	【選んだお話】 ○前時で話し合ったことをもとに引用する叙述を決め、「いちばんのふしぎ」と「ふしぎ解き明かし」の引用部分を書く。 ○友達と交流しながら、「ふしぎ解き明かし」の説明部分を書く。	言指示語や接続語は、文相互の関係、段落相互の関係を端的に示す手掛かりになることを理解し、文章を読んでいる。
	8	【白いぼうし】 ○「松井さんのひとりごと」について、根拠となる叙述について友達と交流して書く。 ABワンセット	読お話のおもしろさを説明するために、松井さんの言動についての叙述を根拠に人柄をとらえ、松井さんの思いを想像して書いている。
	9	【選んだお話】 ○「白いぼうし」で学んだことをもとに「松井さんのひとりごと」について、根拠となる叙述について友達と交流して書く。	
第三次	10 11	○「ふしぎのとびら」を使って、各自が選んだお話を説明し合う。 ○シリーズを通したお話の魅力や松井さんの人柄などについて話し合う。 ○改めて読んでみたくなったお話を読む。	読自分が選んだお話の不思議なおもしろさを説明したり、友達が選んだお話の不思議なおもしろさの説明を聞いたりして、場面の移り変わりをとらえながら作品のおもしろさを味わっている。

6 本時の学習

(1) 本時のねらい

お話のおもしろさを説明するために、複数場面を関連付けて場面の移り変わりをとらえ、不思議を解き明かす根拠となる叙述を指摘することができる。（読むこと ウ）

(2) 本時の展開

主な学習活動 予想される子どもの反応	指導上の留意点（・） 評価（◇）
1　本時のねらいを確認する。 「ふしぎのとびら」でおもしろさを説明するために，ふしぎを解き明かす証拠の文を見つけよう	・学習計画表をもとに、本時で学ぶ内容を子どもが自ら確認し、「ふしぎのとびら」で説明するという目的意識をもって取り組むことができるようにする。
2 「白いぼうし」について、不思議解き明かしの証拠になる文とわけを話し合う。 ・「はやく、おじちゃん。はやくいってちょうだい。」という文が証拠になる。わけは、女の子は実はチョウで、男の子につかまりそうだからそう言っているので。	・全文シートを用いることで、不思議を説明するためには、場面と場面を関連付け、複数の文から読まなければならないことに気付くことができるようにする。 **ポイント①** ・全文シートの余白に話合いで気付いたことをメモしておくよう助言することで、交流した読みを次時の「ふしぎ解き明かし」の説明部分を書く際に生かすことができるようにする。
3　選んだお話について、根拠になる文とその理由について考えたり話し合ったりする。 （1）個人で考える。 （2）同じ作品を選んだ友達と話し合う。 ・「わかりきったことを……、えっ。」というところが証拠になるような気がするのだけど、どう思う？ ・ぼくも証拠になると思うよ。後の場面で、「そうか、わかっているのと、まちがえたんだな。」という文が出てくるから、ここで松井さんも気が付いたんだね。	**ポイント②** ・学習活動2で話し合ったことをもとに、個人で考えた後に同じお話を選んだ友達と交流させることで、「白いぼうし」の学びを、選んだお話にスモールステップで適用できるようにする。 ◇読ウ お話のおもしろさを説明するために、複数場面を関連付けて場面の移り変わりをとらえ、不思議を解き明かす根拠となる叙述を指摘している。（全文シートのメモ、話合いの様子）
4　本時を振り返り、次時の学習内容を確認する。	・本時の学習の成果を賞賛し、学習予定表をもとに、次時の内容を自ら確認できるようにする。

黒板に貼られた全文シート

(3) 本時の指導―ここがポイント!

ポイント① 全文掲示、全文シートを使って互いの読みを交流し、場面と場面の関連を視覚的にとらえることができるようにした。

ポイント② 本時は「入れ子構造」を取り入れることで、「白いぼうし」で学んだ、複数の叙述を関連付けて読む能力を、自分で選んだお話の読みにすぐに適用できるようにした。

7 指導の実際と評価

(1) 本単元で用いた「ふしぎのとびら」の構造

子どもたちがつくる「ふしぎのとびら」は、次のパーツでできている。(次頁写真も参照)

①いちばんのふしぎ…選んだお話のおもしろさを説明するために最も不思議だと思う叙述を取り上げる。

②ふしぎ解き明かし…不思議な出来事が起きる仕掛けを説明し、不思議を解き明かす。「いちばんのふしぎ」との関連を考えて叙述を引用したり説明したりすることで、場面の移り変わりを

とらえることができるようにする。※扉の中は叙述の引用、扉の裏側は説明を書く。

③松井さんのひとりごと…不思議な出来事に遭遇した主人公松井さんの思いを想像して書き、性格や気持ちの変化をつかめるようにする。

（2）指導の一工夫

教材全文を一枚に掲載した「全文シート」を活用し、不思議に思うところや解き明かしの根拠に線を引いたり矢印で結んだり、気付いたことの書き込みをしたりさせることで、場面ごとの読みではなく、場面と場面を関連付けた読みを促した。

（3）評価の一工夫

本単元のねらいである「場面の移り変わりに注意しながら、叙述をもとに想像して読む」力は、全文シートへの書き込みや「ふしぎのとびら」の記述で評価した。

（4）本単元で用いた並行読書材

並行読書材としてシリーズ全作品を提示するが、その中から、複数の場面を関連付けて不思議なおもしろさを読み解くことができる七作品（やさしいてんき雨　星のタクシー等）を対象とした。

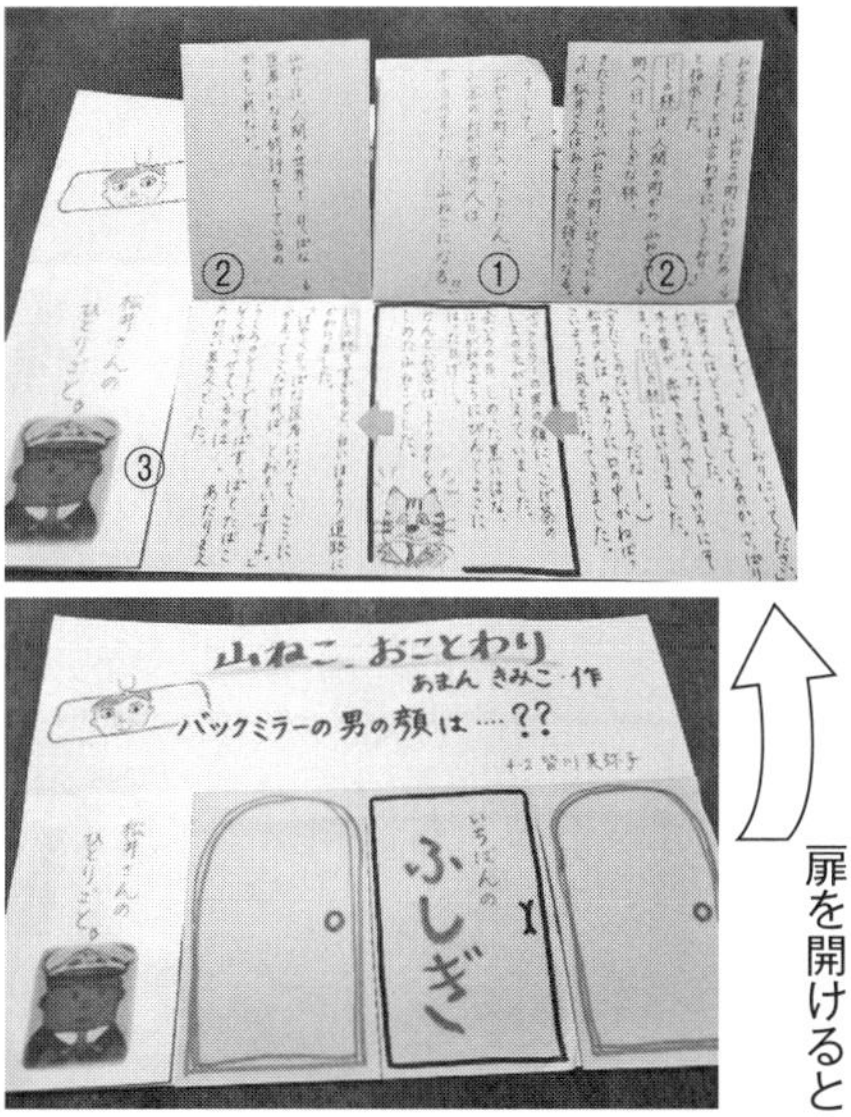

扉を開けると…
「ふしぎのとびら」

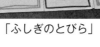

高学年

単元「くらしを見つめて意見文を書こう」

単元を貫く言語活動「自分の課題について調べ、意見文を書く」

五年「書くこと」（意見文）

1 単元の指導目標

多くの資料（図表やグラフ等）を見渡す中で自分の考えを明確にし、考えの裏付けとなる資料や必要な事柄を集めて選び、考えの裏付けとなる資料を用いて、自分の考えが伝わるように、効果的に書くことができる。（書くこと　ア、エ）

2 単元の評価規準

国語への関心・意欲・態度	・生活の中の課題から題材を決定し、自分の考えが伝わるように効果的に書き表そうとしている。
書く能力	・題材に関する情報を集めて自分の考えを明らかにしたり、その考えの裏付けとなる図表・グラフなどの資料を集めたりしている。（書くこと　ア） ・文章や発言を引用したり、自分の考えを裏付けるための図表やグラフを用い

	たりして、自分の考えが伝わるように書いている。（書くこと　エ）
言語についての知識・理解・技能	・文や文章にはいろいろな構成があることをとらえて、意見文の構成の効果について理解している。（イ（キ））

3 単元を貫く言語活動とその特徴

本単元で取り上げる言語活動は、「B　書くこと」の言語活動例「イ　自分の課題について調べ、意見を記述した文章を書くこと」を具体化したものである。意見文は、事柄や出来事についての自分の主張を述べて、読み手を説得し行動を起こさせようとする文章である。本単元では、暮らしやすいか暮らしにくいかという自分の立場をはっきりとさせ、自分の考えを明確にして、文章を書くことをめざした。

4 単元について

(1) 児童について

前単元で、「ゆたかな言葉の使い手」になるための考えを、根拠となる文章を引用して書く学習をした。その中で、目的に応じて必要な事柄を集めて、自分の考えを明確にして書く力は身に付いている。しかし、根拠となる事柄を選び理由付けをして、自分の考えが伝わるように書く力は十分に育っているとは言えない。

導入 意欲化	展開 思考を深める・適切に表現する	終末 成就感
・社会科の学習 資料の読み取り	・題材選定・取材・構成・推敲・清書 資料集（読み取り）モデル文 取材カード 構成メモ・構成表 相互アドバイス 相互交流	・文章の読み合い ・意見文集にまとめる ・友達からのメッセージ
関連読書	・生活にかかわる統計資料の読み取りをする。	

（2）教材及び単元構想について

本単元では、教科書教材「グラフや表を引用して書こう」を活用する。社会科の学習と関連させて単元設定をし、子どもが生活の中で感じている問題点やよい点について、日常的に集めた資料（図表やグラフ等）から、自分の考えを裏付けるものを選び、意見文を書く活動が学習の中心である。終末で、意見文を読み合い、お互いの考えを理解し合い、共有し合うようにする。

5 単元の指導計画（総時数六時間）（次頁参照）

6 本時の学習（3／6）

（1）本時のねらい

モデル文の説明の仕方を話し合って、自分の考えを裏付ける資料を選び、自分の考えを明確にして大まかな構成メモを作ることができる。

（2）準備

資料、構成表、付箋

次	時	学習活動	指導上の留意点	評価規準 （評価方法）
第一次	1	1　社会科や理科で学習したことの中から、自分たちの生活について話し合い、学習計画を立てる。①	○事前に集めた資料（グラフや表）を見て、暮らしやすいかそうでないかについて話し合う中で、意見文を書く学習への見通しをもつようにする。 ○集めた資料をカードにし綴じて、気付きやわかったこと・考えたことなどを記入しておくようにする。	関 目的、価値を明確にし、意見文の特徴や内容を理解して、意見文を書く学習へ意欲を高めている。（発表の様子・カードの記述内容の観察）
第二次	2	2　モデル文を読み、自分の考えに合う資料を選ぶ。② ⑴統計資料をさらに幅広く集め、自分の考えをもち、気付いたことを書く。	○意見文を書くために、さらに、問題意識をもって資料を集めるようにする。	
	3 本時	⑵自分の考えを明確にして、それに合う資料を選び大まかな構成メモを作る。	○モデル文を読み、説明の仕方を話し合うようにする。 ○集めた統計資料の中から、自分の考えに合うものを選んで、資料から読み取れることを考え、自分の考えを明確にするようにする。 ○資料を用いて、自分の文章の大まかな構成をメモするようにする。	書ア・エ 自分の考えに合う資料を選び、書く必要のある事柄を集めて組み立てている。（構成メモの分析） 言イ(キ) 文や文章にはいろいろな構成があることをとらえて、意見文の構成の効果について理解している。
	4	3　自分の考えが伝わるように、構成や表現の効果を工夫して書く。② ⑴自分の考えを裏付ける資料（図表やグラフ）から、読み取ったことを書き加えて構成表を仕上げる。	○自分の考えが伝わるように、資料の読み取りを加えたり、書き換えたりして、文章を組み立てるようにする。	書エ 自分の考えが伝わるように、資料に適切な読み取りを加えて、組み立てている。（資料の妥当性の分析及び構成表の組み立て状況）
	5	⑵自分の考えが伝わるように、表現の効果を工夫して清書をする。		
第三次	6	4　完成した意見文を読み合い、これからの生活に生かすという観点で交流して学習をまとめる。①	○意見文を読み合い、友達の意見文の説得力や表現のよさを見つけ合うようにする。 ○本単元を振り返り、今後の生活に生かすという観点で話し合い学習をまとめる。	関 自分や友達の意見文のよさを確かめ、今後の生活に役立てようという意欲をもっている。（振り返りの記述内容の分析）

（3）本時の展開

主な学習活動	指導上の留意点○と評価基準◆
①　本時学習のめあてを確かめる。 自分の考えをはっきりさせて、資料を選び、大まかな構成メモを作ろう。	○前時までに、生活の問題点やよい点を表す資料を、幅広く集めている。本時では、モデル文の説明の仕方を話し合い、自分の考えを明確にして、構成メモを作ることを確かめる。
②　モデル文を読み、全体の構成やグラフの説明の仕方について話し合う。 **ポイント①** ・何を表している資料なのか。 ・どのように示されている資料なのか。 ・注目する言葉や数字はどれか。 ・注目する言葉や数字が意味するものは何か。	○モデル文は双括式の構成で、資料を根拠とした説得力のある文章であることを話し合うようにする。 ○文章全体を掲示して、全体の構成や説明の仕方がとらえやすくする。 ○モデル文の説明の仕方を話し合う中で、既習の教材「天気を予想する」のわかりやすい説明の仕方も想起するようにする。
③　集めた資料から読み取れることを考えて、資料を選び、自分の考えを書く。 **ポイント②** ④　自分の書く文章の大まかな構成メモを作り、友達とアドバイスし合う。 ・「自分の考え」を裏付けるために妥当な資料になっているかな。 ・説明の仕方はいいかな。 ・説得力のある友達の構成を聞こう。	○資料を吟味し、最も自分の考えが主張できそうな資料を選んで、構成メモの「自分の考え」の欄に書き入れるようにする。 ○選んだ資料を貼付し、構成メモの自分の考えに照らして必要な事柄を考えて、大まかな構成メモを作るようにし、資料の読み取りを加え、自分の考えを裏付けるようにする。 ○困難な子どもについては、相談をしながら支援する。 ○構成メモをグループで見合い、アドバイスし合うようにし、必要に応じて、資料を差し替えたりメモを加除修正したりする。 ◆自分の考えを明確にし、それに合う資料を選んで、自分の考えが伝わるように文章全体の構成を考えてメモを作っている。【構成メモの内容の分析】
⑤　本時の学習を振り返り、次時の学習について話し合う。	○考えを明確にし、妥当な根拠を選んでいることのよさを確かめ、次時では、不十分な事柄を加えて、説得力をもたせることについて話し合う。

（4）本時の指導―ここがポイント！

ポイント①

モデル文を読み、説明の仕方を考えとらえる。

ポイント②

選んだ資料から読み取れることを考え主張を書く。

7 指導の実際と評価

（1）本単元で用いた意見文モデルの構成

本単元では、教材文をモデルとした。下のように、モデル文に自分のとらえた構成や内容を、書き込む活動を位置付けた。

その後、全体の場で、説明の仕方の特徴を話し合い確かめた。モ

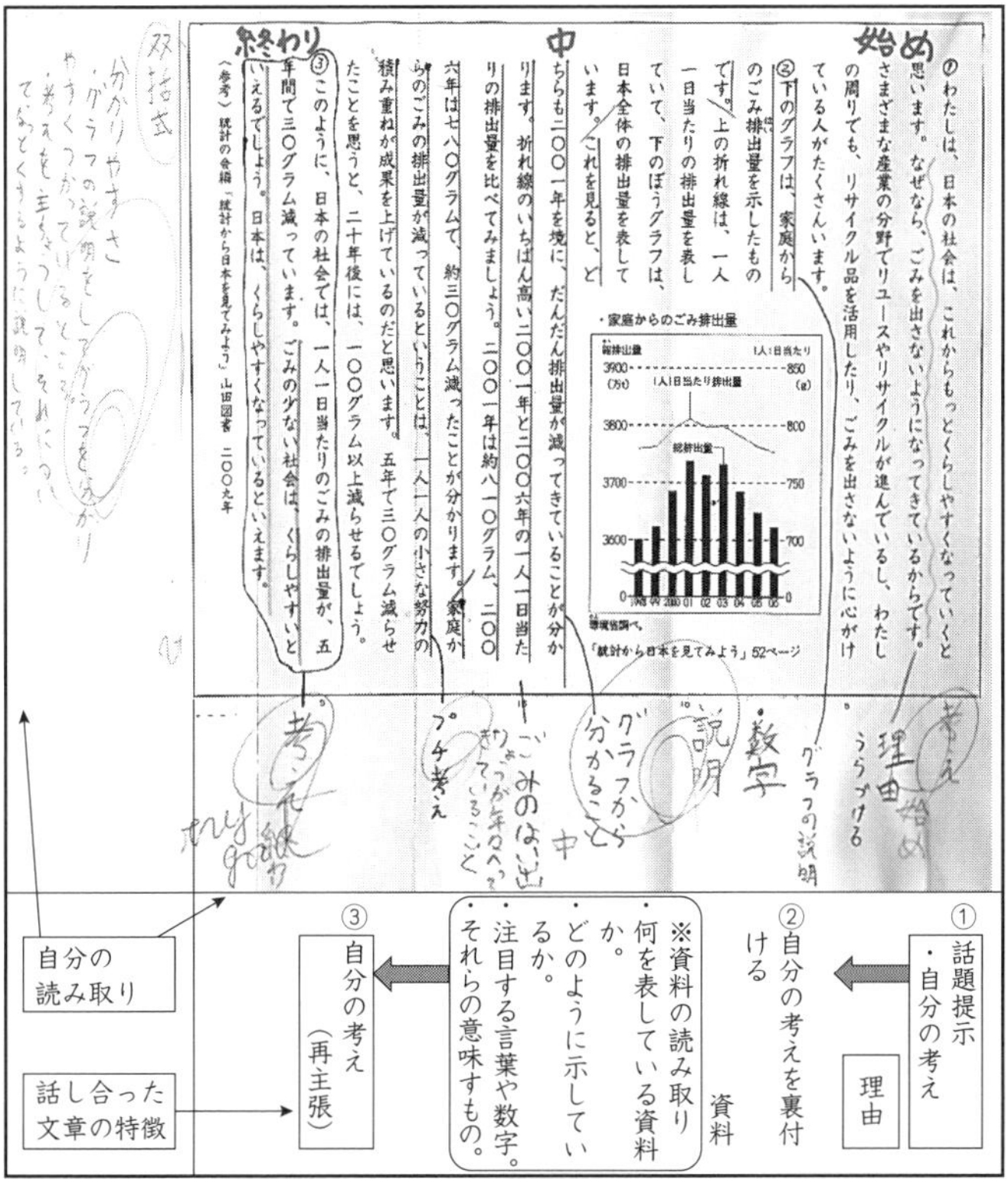

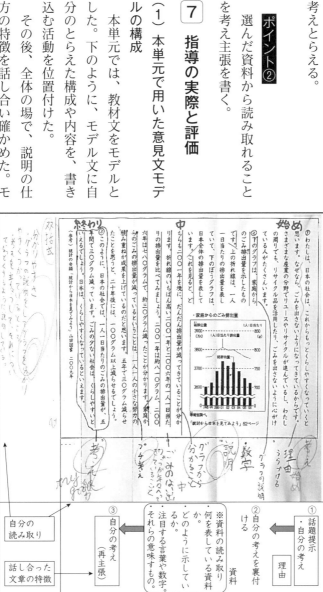

デル文は、双括式の意見文で、資料をもとに、自分の考えを裏付けて、考えを主張している。

（2）指導の工夫

前時までに、生活の問題点やよい点を表す資料を幅広く集めている。また、モデル文の説明の仕方を確かめている。（1）本時ではまず、モデル文をもとに、「自分の考えが伝わる意見文を書くために大切なこと」を話し合った。見付けたポイントは【①自分の考えとその理由が明確にされていること】【②それを裏付けるための妥当な資料と読み取りがなされていること】の二つであった。

次に、前時までに集めた資料（図やグラフなど）の中から、自分が最も問題意識をもち、自分の考えが主張できそ

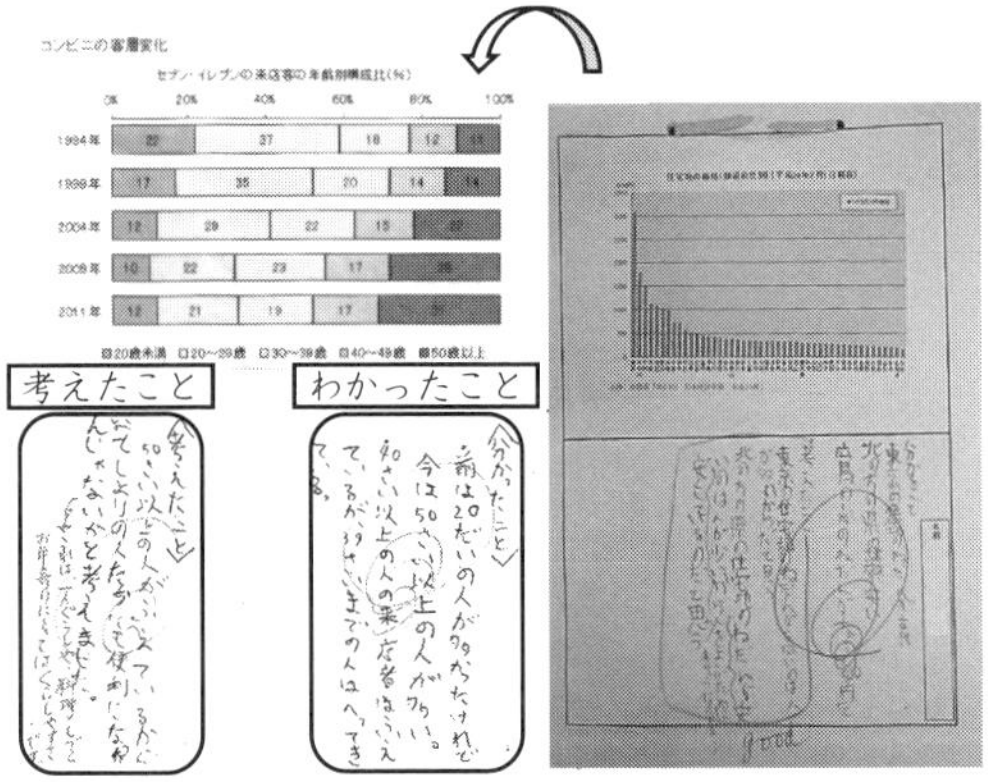

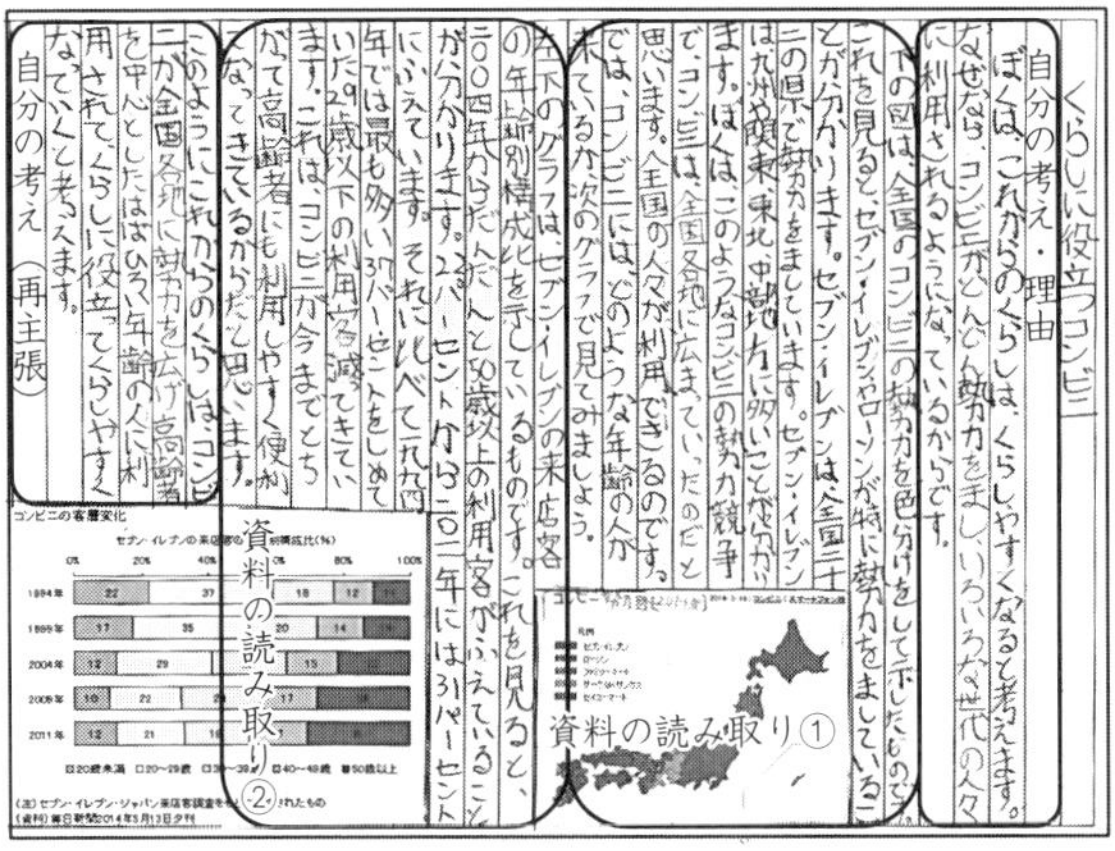

うなものを、根拠として選ぶようにした。その際、集めた資料は、前ページ写真のように綴じあわせてファイルにし、その一つ一つのカードには、わかったこと・考えたことを記述しておくようにした。このことで、児童は自分が最も心を動かされたことについて、課題意識をもって、意見文を書く活動に取り組んだ。前ページの写真は、ファイルと、完成した意見文例である。モデル文の説明の仕方を生かして、自分の考えを伝えている。

(3) 評価の一工夫

選んだ資料の書き込みを、次の観点で見取り、考えに飛躍のある場合は、どのように主張していくかについて当該の児童と、相談し支援した。

①わかったことと考えたことのつながりが、理由付けとして妥当かどうか。
②自分の主張につなげるように、考えを深めることができているか。

『単元を貫く学習課題と言語活動』編

〔編著者・執筆箇所一覧〕※所属は執筆時

編集責任者

水戸部修治（文部科学省教科調査官）
…Ⅰ章、Ⅱ章Q11、Q12、Q13、Q18、Q19、Q20、Ⅲ章1

編著者

浮田真弓（岡山大学大学院准教授）
…Ⅱ章Q2，Q3、Q9、Q10、Q15、Q16、Ⅲ章2（8）

細川太輔（東京学芸大学講師）
…Ⅱ章Q17、Ⅲ章2（1）（2）（3）Ⅳ章1

執筆者

岩倉智子（福岡県北九州市立戸畑中央小学校指導教諭）
…Ⅱ章Q1、Q7、Ⅲ章2（6）（7）、Ⅳ章3

山下敦子（大阪市立丸山小学校教頭）
…Ⅱ章Q4、Q5、Q6、Ⅲ章3

皆川美弥子（宇都宮大学教育学部附属小学校教諭）
…Ⅱ章Q8、Q14、Ⅲ章2（4）（5）、Ⅳ章2

企画編集担当

今村久二（日本国語教育学会常任理事・小学校部会長）

〔シリーズ国語授業づくり〔企画編集〕（五十音順）〕

泉　宜宏
今村久二
大越和孝
功刀道子
福永睦子
藤田慶三

シリーズ国語授業づくり

単元を貫く学習課題と言語活動

―課題を解決する過程を重視した授業づくり―

2015（平成 27）年 8 月 10 日　初版第 1 刷発行
2016（平成 28）年 4 月 15 日　初版第 4 刷発行

監　　修：日本国語教育学会
企画編集：今村久二
編　　著：水戸部修治・浮田真弓・細川太輔
発 行 者：錦織　圭之介
発 行 所：株式会社　東洋館出版社
〒 113-0021　東京都文京区本駒込 5 丁目 16 番 7 号
営業部　電話 03-3823-9206　FAX03-3823-9208
編集部　電話 03-3823-9207　FAX03-3823-9209
振替　00180-7-96823
URL　http://www.toyokan.co.jp
デ ザ イ ン：株式会社明昌堂
印刷・製本：藤原印刷株式会社

ISBN978-4-491-03141-5　　Printed in Japan